最新版

大切な人が亡くなったあとの手続きと相続対策のすべて

アクロピース法律事務所 代表弁護士
佐々木一夫

宝島社

この本の使い方

まえがきにかえて

この本は、大切な人が亡くなった後の手続きと相続対策の本ですが、特に、相続対策については新・相続法に対応した最新版です。また、葬儀や手続きについても、最新の動向に踏まえて記述してあります。まさしく、**最新の内容をまとめた一冊**です。


本の構成は、7つの章に分かれています。

大きく、1章から3章が葬式と手続きとお墓について、4章以降が相続についてです。

具体的には、以下のとおりです。

第1章が、大切な人が亡くなった直後の手続きと葬式までにすべきことです。ここの章は、大切な人が亡くなったら、すぐに読んでほしいところです。

特に葬儀社を決めることが大切になるので、この点を中心に書いています。また、最近は直葬から一般葬まで、葬儀のスタイルは幅広くなっていますので、その点に触れつつ、その費用まで書きました。参考にしてください。

第2章では、葬式がひと段落した後に、すべき様々な届出と手続きについて書いています。特に、お金にかかわることを中心にまとめています。また、最初の項目では、すべき手続きの一覧表を載せているので、そこで、何をすべきか確認しつつ行うと、もれがなくて済むでしょう。

また、公的手続きは14日以内にすべきことがいくつかあるので、すべき順番でまとめました。この本の順番で手続きをしていけば、段取りよく進んでいくでしょう。

第3章は、お墓とお墓じまいについてです。現代はお墓を作ることだけでなく、お墓を誰が守っていくのかということも大きな問題です。少子化で、子どもがいない方も多くいらっしゃいます。その方が困らないように、様々なお墓の選択肢と、いざとなれば、お墓じまいをして、お墓をまとめていくことも致し方ないこととして、その方法もまとめました。

第4章以降は相続についてです。まず、**第4章で相続の基本**を押さえてください。相続人になれるのは誰か、法定相続人とは誰か、何となく知っているようで、あやふやな知識をここで整理して、きちっと相続の手続きをしましょう。

第5章は遺言書です。遺言の効力はどこまであるのか。そもそも遺言とはどのような形式なら大丈夫なのか。亡くなった方の遺言の取り扱いだけでなく、**今後、遺言書を作る方**

にも大切な情報をまとめています。

なお、この本は大切な方を亡くした方だけでなく、今後の終活を考えている方にも使えるように、まとめていますので、参考にしてください。

第6章は、相続で起こりやすいトラブルとその解決法をまとめました。特にどんな相続争いが起こるのか、事前に知っておけば、それを回避することができます。また、起こってしまったとき、読者がどのような立場だったら、有利なのか損なのか、その点をまとめています。

第7章は、相続税で損をしないための対策です。相続税には様々な控除があります。それを知っておくだけでも、かなりの相続税対策になります。ここで、基本の相続税対策を確認しておきましょう。

以上、本書の内容です。各章ごとに独立していますので、必要な部分から読んでいただいてもいいですし、最初から読み進めていただいても、使える一冊です。

『最新版　大切な人が亡くなったあとの手続きと相続対策のすべて』目次

第2章

大切な届出と手続き

第5章 遺言の作成方法や注意点……133

第6章 相続で起こりやすいトラブル

第7章 相続税 損をしないために

第1章

葬儀と最初に必要な手続き

危篤を知らされたときにすべきこと

親や親戚、同居人が危篤になった場合、至急、関係者に連絡を取る必要があります。その場合、誰が連絡係になるかを決めましょう。通常は、付き添いをしている配偶者や同居の家族が自然とその役割を担いますが、危篤になられた方の社会的地位によって、連絡先が多岐に及ぶ場合もあります。

親族関係、会社関係、友人関係と分担を分けた方がスムーズに進みます。連絡先は、会社関係、友人関係を除けば、その方の3親等内が1つの目安です。しかし、甥や姪などは交流がほとんどない場合も多いですし、高齢者になられると兄弟姉妹とも疎遠の方もいます。ですから、**親と子どもを基準に、まず連絡を取りましょう。**その後、連絡をした人に、どなたに連絡すべきか聞くのが比較的スムーズに行きます。

連絡方法は電話が一番です。電話に出ない場合はショートメール（メッセージ）で連絡します。この連絡は深夜でも問題ありません。連絡すべき事項は、**①自分の名前と連絡先**、**②危篤になられた方の名前と病院名と住所**、及び**③危篤なられた時間**です。場合によっては病院の地図も必要かもしれません（多くはネットで検索できます）。

　なお、ここでの注意点は、危篤の方がキリスト教徒だった場合です。その場合は、神父（カソリック）や牧師（プロテスタント）に連絡して、「終油《しゅうゆ》の秘蹟《ひせき》」あるいは「聖餐式《せいさんしき》」を、本人の意識のあるうちに行っていただく必要があります。至急連絡を取りましょう。

　他にも、危篤になられた方の宗教によっては、様々な儀式があるので注意が必要です。

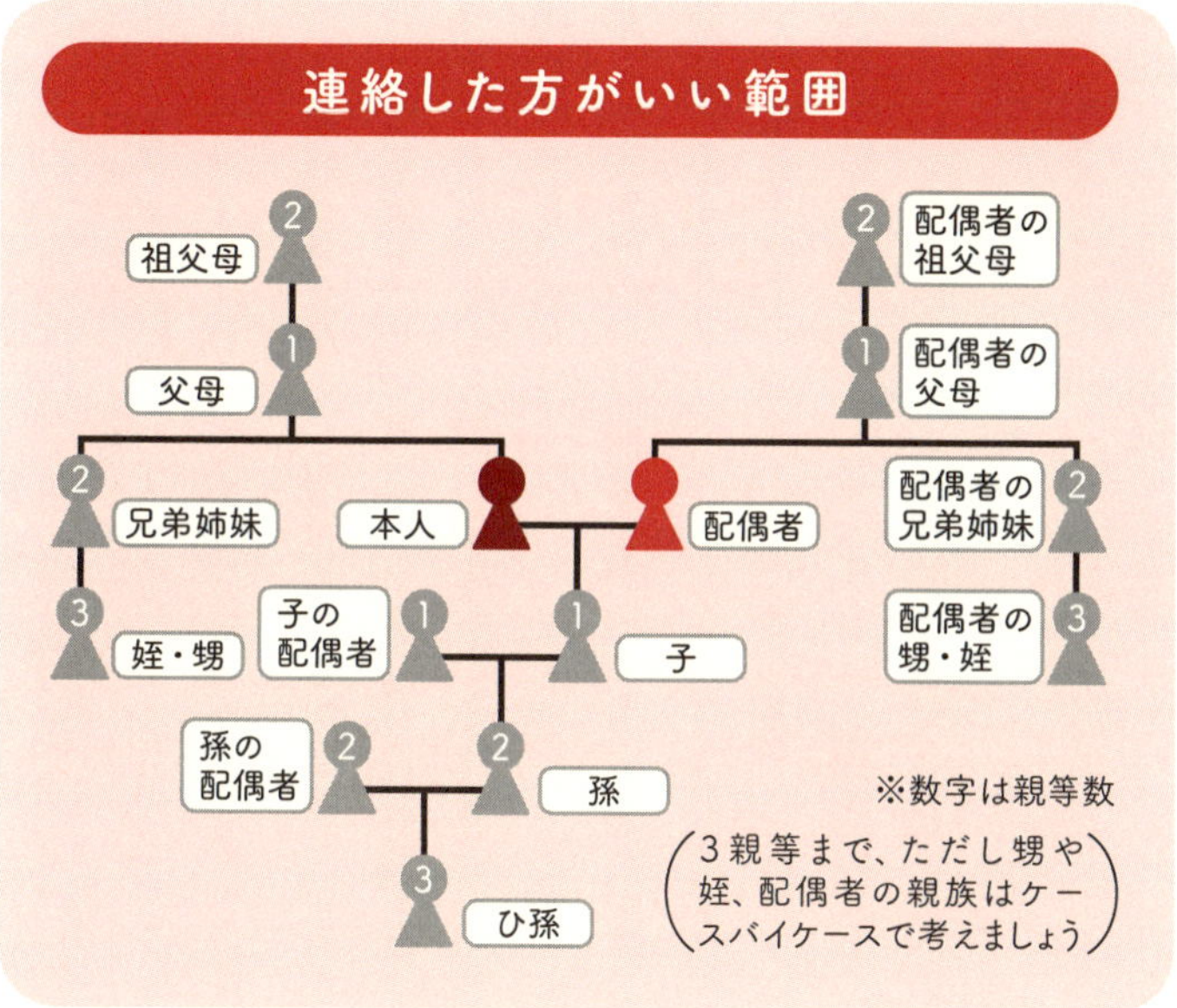

亡くなった当日～数日① 死亡診断書を受け取る

大切な人を亡くした後、私たちは悲しみに暮れる間もなく、次々とやるべきことがあります。まず、医師から**「死亡診断書」**を受け取ります。病院で亡くなった場合だけでなく、老人ホームなどでも提携している医師がいますから、その方が死亡診断書を作成してくれます。死亡診断書は５０００円から1万円で作成してくれます。

自宅で亡くなった場合は、臨終に医師が立ち会っていれば別ですが、そうでない場合は掛かり付け医か１１９番に連絡し医師に見てもらって、死亡診断書を作ってもらいます。この場合、死亡診断書を作ってもらうまで、遺体を勝手に動かすことができません。

また、事故死や不審死は警察を呼んで検視してもらいます。その場合は死因を特定した医師の**「死体検案書」**が死亡診断書の代わりになります。この死体検案書は3親等以内の親族しか受け取れません。それ以外の人が受け取る場合は、委任状が必要になります。

なお、死亡診断書などは一通しか発行してもらえないので、役所に提出する前に、必ず10枚ほどコピーを取っておきましょう。また、死亡診断書は第三者が書き込んだり、訂正

死亡・火葬・埋葬の書類手続き

1 「死亡診断書」を受け取る

医師から「死亡診断書(事故などの場合、死体検案書)」を受け取る

2 「死亡診断書&死亡届」「死体火葬許可証交付申請書」を提出

「死亡届」に記入し、「死亡診断書」、「死体火葬許可証交付申請書」と一緒に市区町村の窓口に提出（葬儀社がする場合も）

3 「死体火葬許可証」が交付される

書類に不備がなければ受理されて、「死体火葬許可証」が交付される

4 火葬場へ「死体火葬許可証」の提出をする

火葬の際、「死体火葬許可証」を火葬場に提出（葬儀社がする場合も）

5 火葬場から「火葬済みの証明印」をもらう

火葬場で火葬済みの証明印をもらう

6 「死体埋葬許可証」を受け取る

証明印の押された「死体火葬許可証」は、「死体埋葬許可証」になる（これがないと埋葬できない）

7 「死体埋葬許可証」を墓地に提出

納骨の際、「死体埋葬許可証」を墓地管理者に提出して埋葬してもらう

などしたりはできないので、取り扱いに気をつけてください。

通常、死亡診断書は「死亡届」と対になっています。この死亡届の方に必要事項を記入し役所に届けます。もし死亡診断書に死亡届がついてない場合は役所にありますので手に入れてください。市区町村によってはネットからダウンロードできるところもあります。

この死亡届は死亡診断書を一緒にして、役所に7日以内に届けることが義務付けられています。ただし、海外で亡くなった場合は3か月以内となっています。届け先は、届出人の住所地、故人の本籍地、亡くなった場所の市区町村の戸籍係です。どこでも休みなく24時間受け付けています。

死亡診断書と死亡届を提出するとき、「死体火葬許可証交付申請書」も必ず提出します。この「火葬許可証」が交付されないと遺体を火葬することができません。そのため、死亡届は、亡くなられて1、2日で提出します。死亡届とともに死体火葬許可交付申請書を役所に提出すると、書類に不備がなければ、役所から「死体火葬許可証」が発行されます。

この死体火葬許可証を、遺体が火葬されるとき必ず火葬場に提出します。火葬場は、火葬後、この許可証に日付を記入し押印して返してくれます。これが、そのまま「死体埋葬許可証」になります。この死体埋葬許可証は、遺骨を埋葬するときに必要になるので、必ず大切に保管してください。紛失すると再発行が非常に面倒なので注意してください。

亡くなった当日～数日②　葬儀社を決める

通常、臨終を迎えると死亡診断書の受け取りと同時か、前後して**葬儀社を決めることになります。**病院や施設で亡くなった場合は、死亡診断書を受け取ったら、そこから遺体を搬送する必要があります。その搬送は葬儀社に頼むことになります。病院や施設に遺体が置ける時間は数時間程度です。病院と提携している葬儀社もありますが、比較的高い場合が多いので、搬送だけ依頼して、葬儀などは他の葬儀社にした方がいい場合もあります。自宅で亡くなった場合でも、遺体の安置・保存のために様々な処置をしなければなりません。そのような処置は葬儀社にお願いすることになります。

葬儀社は葬儀に関する段取りを仕切ってくれます。死亡届や火葬許可申請の手配をしてくれる場合もあります。このような葬儀社が決まっている場合は問題ありません。互助会に入っている、生協や農協にお願いする、家族が以前頼んだなどの場合は大丈夫でしょう。できれば、亡くなる前から葬儀社や葬儀の内容を決めておくと様々な面でスムーズに運びます。ただし、そこまで準備できないケースもあるでしょう。決まってない場合は、親族や知人の経験者に聞くのが一番です。

悪質な葬儀社もありますから、信頼できる経験者からの紹介が安心です。ただし、そのような人がいない場合は、地元の葬儀社が何社かありますから、それらをネットで調べることになります。

そのときの一番の注意点は、どんな葬儀を故人が望んでいたかです。また、故人の意思が明らかでない場合は、どんな葬儀を遺族が望むかです。超高齢社会になり、亡くなる方の年齢が高くなっている現在、親族とごくごく親しい方だけの**家族葬**が一般的になり、そのほかにも**直葬**や**一日葬**など、葬儀に費用をかけないケースも多くなっています。また、**お別れの会を開く場合**もあります。もちろん一般葬もありますが、まず、どんな葬儀を望むのかを決めなくてはいけません。また、費用の問題もあります。どれぐらいの費用をかけるのか、それも決める必要があります。それについては後述します。

それらを決めた上で、葬儀社を決めます。いくつかの葬儀社に見積もりを取ってみましょう。そのときの決めるポイントは、**対応が丁寧かどうか、費用の説明が明確でわかりやすいかどうか、オプションや追加費用などを強引に勧めてこないかどうか、こちらの希望や要望ときちっと聞いてくれるかどうか、守秘義務は守ってくれるかどうか、**など、自動車を買ったり家を建てたりするときの業者の決め方と、それは変わりません。

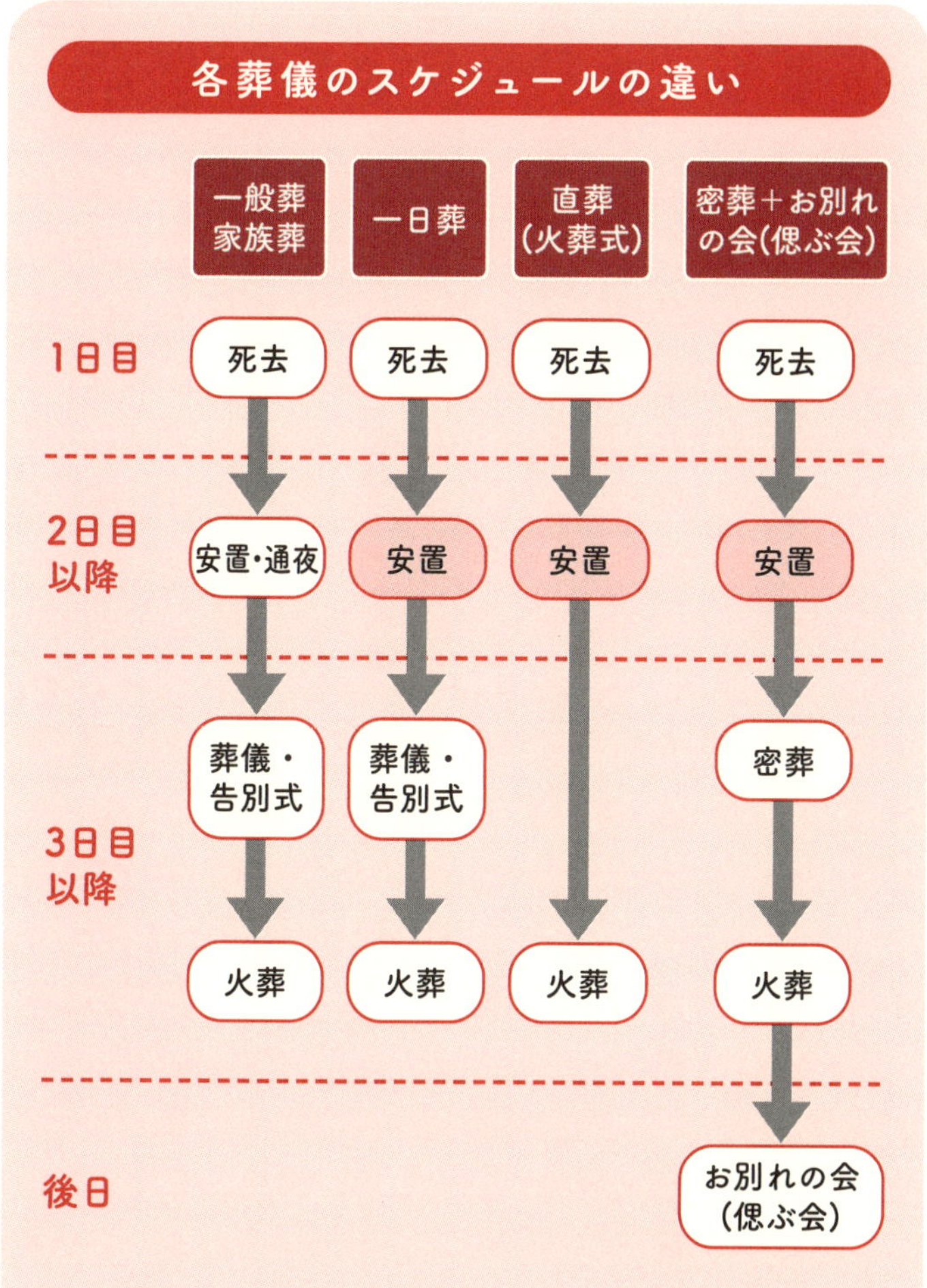

※亡くなった時間や火葬場の空き状況にもより日程はかわります

亡くなった当日〜数日③　葬儀の種類

ここから、葬儀の種類と費用の説明をします。葬儀の内容と費用がある程度わかっていれば、葬儀社の価格設定が適正かどうかの目安になると思います。

葬儀は大きく分けて、**「直葬」**、**「家族葬」**、**「一般葬」**、**「社葬」**とあります。そして**「一日葬」**もあります。

費用が安い直葬

直葬は、宗教的な儀礼は行わず、納棺の後、火葬のみを行うものです。通夜や葬儀・告別式は行いませんが、希望で読経を行うケースもあります。**「火葬式」とも言います。**最近、小さなお葬式として注目されている葬儀方法です。

費用については後ほど書きますが、この直葬が、一番費用を安く抑えることができます。ただし、様々なオプションがつくと高くなっていくので注意が必要です。

直葬の流れ

1日目　死去

① 死亡診断書をもらう

② 直葬を請け負う葬儀社を探す

③ 遺体を搬送し、安置
- 自宅に安置できない場合は、安置場所を探す
- 火葬場の霊安室は、遺族が付き添えないことが多いので注意

④ 葬儀社と打ち合わせ
- 葬儀の段取り、費用などについて打ち合わせ
- 業者に死亡届と死体火葬許可証交付申請書の提出の代行なども依頼することができる

2日目

⑤ 安置
※死後24時間経過していれば2日目に火葬することも可能

3日目

⑥ 納棺
- 親族などが揃ったところで、遺体を棺に納める

⑦ 火葬場へ向かう
- 葬儀社が用意した車両で火葬場へ

⑧ 火葬
- 焼香をして最後のお別れ
- 読経を希望する場合は、打ち合わせ時に依頼。別途費用が発生する

⑨ 収骨
- お骨を拾い、骨壷に納める

一番多くなっている家族葬

最近、特に多くなっているのが家族葬です。家族葬は20人程度の規模で、訃報を行わず、家族と近親者のみで行うケースです。

通夜や葬儀・告別式は行います。**一般葬との大きな違いは、会葬者の規模と、それにともなう訃報をするかしないかです。**訃報は、故人が亡くなったことを新聞で公告し、通夜や葬儀の日程をお知らせするものです。

ただし、家族葬は、比較的自由にできるので、通夜振る舞いや精進落としも簡素に済ませて費用を抑えることもできます。

一般葬は訃報を行い、それによって故人の関係者や会社関係の会葬者が参列します。規模も50人以上になるケースが多いです。社葬は会社が取り仕切って行う葬儀で、会社の会長や社長、取締役など会社の重責にある方が亡くなったときに行います。

通夜も葬儀も一日で済ます一日葬

一日葬は、通夜と葬儀・告別式を分けずに、一日で通夜も葬儀も告別式も行うケースです。次ページがタイムスケジュールです。なお、これは通常のスケジュールと違うので、菩提寺のお坊さんとスケジュールの調整が必要です。

家族葬の進行例（仏式）

【葬儀と告別式】

① 喪主・遺族入場、着座
▼
② 開式の辞（司会者－葬儀社がやることが多い）
▼
③ 弔辞・弔電披露
▼
④ 導師入場、着座
▼
⑤ 全員合掌
▼
⑥ 読経
告別式と一緒に行うことも多い
▼
⑦ 遺族・近親者、一般の焼香
（初七日の読経と焼香を行うことも）
▼
⑧ お別れの儀（柩に献花をする）
▼
⑨ 導師退場
▼
⑩ 遺族代表あいさつ
▼
⑪ 出棺

【通夜】

① 僧侶を迎える
↓
② 受付開始
↓
③ 一同着席
↓
④ 僧侶入場・読経
↓
⑤ 焼香
↓
⑥ 法話
↓
⑦ 喪主あいさつ
↓
⑧ 通夜振る舞い

一日葬のスケジュール

11：00ごろ	喪主遺族式場到着	喪主・遺族は開式の1時間前には式場に
11：30ごろ	導師（お坊さん）到着	世話役（葬儀社の担当がする場合も）が宗教者（葬儀の執行者＝導師）を迎える
11：45ごろ	遺族・参列者着席	導師が入場、全員合掌礼拝して迎える
12：00ごろ	開式	読経の中、葬儀に続いて告別式に。喪主、親族、故人と関係の深い順に焼香を行う
12：50ごろ	故人と最後の別れ	別れ花を捧げ、故人と別れを告げる
13：00ごろ	告別式閉式・出棺	火葬の時間は厳守、出棺の時間はそれによって決まる
13：30ごろ	火葬場到着・火葬	火葬の時間は1時間から1時間30分
14：30ごろ	収骨	故人と関係が深い人から2人1組になって、一緒に、はしでお骨を拾い、骨壷に移す
15：00ごろ	精進落とし（初七日法要も）	初七日法要の会食を兼ねることもある。世話役をお願いした場合は、喪主・遺族が下座に
16：30ごろ	終了	精進落としの時間は1時間30分から2時間ほど

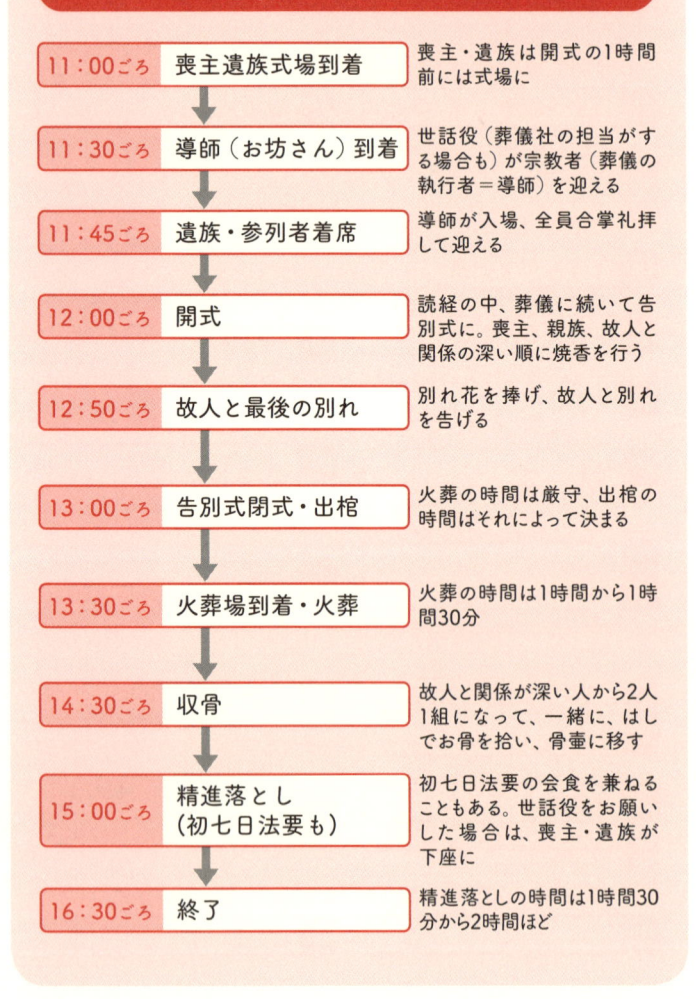

亡くなった当日～数日④　葬儀の費用

直葬の費用

直葬の費用は20万円前後のところが多いです。中には5万円プラス火葬料（火葬場が民間、公営かどうか、また市区町村によって違う）、安置施設料、ドライアイス代というところもあります。また、火葬している間の休憩室の使用料がかかる場合もあります。そのため、最低でも10万円はかかると考えておいた方がいいでしょう。

火葬料は、１万円以下の公営のところから10万円以上の民間のところまで幅広くあります。公営でも、その市区町村の住民でない場合は民間と同じような価格になるところもありますし、葬儀が重なって何日か待たされることもあります。

直葬に含まれる費用は、お棺代、お棺の布団代、仏衣代、安置料金（安置場所代）、ドライアイス代、骨壷・骨箱代、火葬料、寝台車代、及びスタッフ代と死亡届などの役所への代行業務代が含まれている場合が多いです。これに枕飾り、位牌、自宅飾りなどや、お坊さんの読経がオプションでつく場合もあります。

ただし、安置料金やドライアイス代は安置日数によって変わってきます。また、お坊さんの読経をお願いすると、別途5万円~10万円ほどかかります。

ちなみに、遺体は、亡くなられてから必ず24時間安置する必要があります。これは、息を吹き返す（死亡認定が間違っていた）場合があるので、時間をかけて、そのようなことがないか確認するためです。

寝台車は病院や施設から安置場所への搬送と、安置場所から火葬場へ行くために必要です。

家族葬の費用

家族葬になると、直葬の費用にお通夜と葬儀・告別式にかかる費用が入ります。その場合、3つの費用が必要になります。

1つは、斎場（会場）使用料、祭壇、供物・生花などの費用。

そして、通夜からの接待飲食代。

最後に、お坊さん（お寺さん）へのお布施などです。

斎場使用料などは、斎場の大きさ、祭壇の大きさ、供物や生花の規模や大きさによって変わってきますが、20人程度の規模で、取り立てて豪勢にしなければ30~50万円程度でしょう。直葬での費用に、これらが入って50～60万円程度が一般的な価格です。ただし、棺を特別仕様にしたりすれば、当然高くなります。

続いて、通夜からの接待飲食代です。これも20人程度の規模であれば20万円程度はかかります。通夜での飲食代、精進落としでの会食代、返礼品（香典返し）などで、1人あたり1万円程度は考えた方がいいでしょう。

最後にお布施です。枕経（故人に最初にあげるお経―通夜の前にします）、通夜、葬儀、法要（三日目、初七日法要を同時にやる場合）、そして火葬場での読経と戒名代で、30万円から50万円が相場です。これ以外に通夜や葬儀、火葬場へのお車代と食事代で各5000円から1万円かかりますが、中にはこれらの費用すべて込みで15万円程度のお布施で済む場合もあります。ちなみに、以前とは違って、最近は、お坊さんへのお布施の金額を公にしているところや最初から「この額でお願いします」と言われるケースが多くなっていますが、わからない場合は、葬儀社経由で聞くのがスムーズです。

家族葬の場合、これらの費用をすべて入れて、**100万円弱～130万円程度が相場**と言えるでしょう。なお、戒名は仏様の弟子としての名前です。本来なら生前からつけてもらうものですが、現在は通夜の前につけてもらうのが一般的です。また、戒名は浄土真宗では「法名」、日蓮宗では「法号」と言います。

この戒名ですが、戒名の最後についている二文字の位号の「信士（男）、信女（女）」、「居士（男）、大姉（女）」、「院居士（男）、院大姉（女）」によってお布施の金額が変わる場合があるので注意です。後ろに行くにしたがって高くなります。

一般葬の費用

一般葬の場合は、トータル金額は人数規模によってかなり変わってきます。ただし、遺族にかかる実質的な費用は、あまり家族葬と変わりません。斎場や祭壇の規模によって価格が変わるとはいえ、お布施や、火葬料、棺などにかかる費用はほとんど変わりません。

さらに、通夜や葬儀、告別式に来る会葬者の規模が大きくなっても、その分香典の額も増えるので、遺族が負担する額がその分増えるわけではないからです。

費用の目安としては、斎場（会場）使用料、祭壇、供物・生花などの費用が家族葬よりプラス10～20万円。通夜からの接待飲食費や返礼品がプラス10万～20万円。棺や霊柩車などにかかる費用がプラス10万円で、トータル30万円～50万円ほど高くなります。合計130万円～180万円ほど。それにお布施がつきます。お布施はほぼ家族葬と変わりません。

亡くなった当日〜数日⑤　口座の凍結を避ける

葬式は各地域によって特性があり、宗教によっても変わります。東京は、通夜への会葬者が多く長時間にわたって読経が行われます。一方、地方によっては、通夜は読経もせず、身内だけで亡くなった方への思いをはせる時間となっているところもあります。

葬儀・告別式も、別々にするところもあれば、一緒にして済ませてしまうところもあります。また、三日目初七日法要も葬儀・告別式に続いて行うケースも多いようです。

このように葬式は地域や宗教によって違うだけでなく、先にあげたように様々な葬式の形があります。そのため、まず、葬式の宗教、葬式の方法、規模（金額）を決め、それによって葬儀社を選定することが大切なのです。葬儀社が決まれば、ほぼ葬儀社が仕切ってくれます。不明点は、気兼ねせず葬儀社に聞けばほとんどのことが解決します。

そして、１つ忘れてはいけないのが、銀行口座の凍結です。**亡くなった方の銀行口座は、亡くなったことが、銀行にわかった時点で引き出しができなくなります。**遺族の誰かが、勝手に引き出すことがないよう、故人の資産を守るためです。

ただし、公的機関から銀行へ死亡が伝わることはありません。役所に死亡届を出したからといって、銀行口座が凍結されるわけではありません。

銀行に行って口座主が亡くなったことを伝えたり、公告したりすれば、もちろんわかります。そうなると、銀行口座は凍結されてしまいます。

凍結されて困るのは、葬儀にかかる費用です。**2019年7月からは遺産相続分の一部を銀行から仮払いを受けることができるようになります**が、全額ではありませんし上限も決まっています。以下がその式です。

預金残高×3分の1×仮払いを求める相続人の法定相続分

例えば、すでに父は他界していて亡くなったのが母で、子どもが2人、他に近親者が誰もいない場合。A銀行に母の預金が1200万円あったとしましょう。

この場合、子どもの1人が母の預金を下ろせる額は、預金残高1200万円×3分の1×2分の1（法定相続分）＝200万円となりますが、1つの銀行で下ろせる額の上限が150万円までなので、150万円となります。

2つの銀行に600万円ずつの預金があれば、600万円×3分の1×2分の1＝100万円で、1つの銀行から100万円ずつ、合計200万円を下ろすことができます。

2019年7月12日以降は、このようなことができるようになりますが、それでも30

0万円しか預金がない場合は、上記のケースでは50万円しか下ろすことができず、葬儀費用が十分に賄えません。

そのようなことを防ぐためには、口座が止められる前に、必要な額を遺族や喪主などで費用を負担する側の人が、お金を確保しておく必要があります。

亡くなった方が同居していて、銀行口

銀行口座凍結への対処方法

① 生前に引き出す

これは事前に相続人全員に相談し、合意を得ておくことが前提ですが、親が死期が近かったり、宣告されていたりする場合、口座から前もって必要となる金額を引き出しておくのです。そうすれば、後に「口座凍結」になっても支払いに困ることはありません。

② 銀行に相談

葬儀までに数日の時間があれば、懇意な銀行に、「葬儀費用を引き出し」を相談することもできます。懇意な銀行であれば相談にのってくれることもあります。しかし一度銀行に相談すれば、口座は「凍結」されてしまいますが、2019年7月からは一部引き出し可能になります。

③ 立て替える

遺族や喪主などにゆとりがあれば、費用を立て替えることもできます。後日相続人の協議時に精算することになりますが、トラブルを避けるため、葬儀費用を手帳などに記載したうえで、請求書、領収書は必ず保管しておきましょう。

座の存在やクレジットカード及び暗証番号がわかる場合は問題ないでしょうが、そうでない場合は、亡くなった方の銀行通帳、クレジットカードや暗証番号は、わかるようにしてもらいましょう。

亡くなる以前にエンディングノートなどに書いてもらっておくことも大切です（終活の方は必ず忘れずにしましょう）。

第2章

大切な届出と手続き

必要な届出と手続きのチェックシート

次ページ以降のチェックシートを見てください。大切な人が亡くなったときの手続き一覧です。役所関係から公共料金の名義変更まで、幅広く手続きすることがあります。

このチェックシートを基に、手続きを行うと漏れがなくて安心です。

ただし、すべての手続きをする必要はないでしょう。亡くなられた方が世帯主でない場合は、「世帯主変更届」は必要ありません。また、加入している保険が健康保険か国民保険かで申請する手続き先が違います。これらについては、次項以降で詳しく説明します。

なお、**各種届出には期限が決まっているものも多いので、忘れずに行う必要があります。**次項以降で手続きの締め切り順に解説していますので、確認してください。また、金融機関への届出や公共料金の名義変更もすみやかに行いましょう。

特に忘れがちなのが公共料金です。同居の方が亡くなり、その方名義の口座から自動引き落としの場合、銀行口座が凍結されると引き落としができません。その場合、引き落しができない旨の通知が来るので、そのとき支払えばガスや水道、電気などが止められるこ

葬式後の手続きチェック表

手続内容	期限	手続先	チェック項
世帯主変更届	死後14日以内	市区町村役場	
故人が国保・後期医療の場合、資格喪失届、保険証の返却	死後14日以内	市区町村役場	
介護保険費保険証の返却	死後14日以内	市区町村役場	
遺族が健康保険の被扶養者のとき、国民健康保険の加入	死後14日以内	市区町村役場	
故人が年金受給者だったとき、年金受給の停止	厚生年金は死後10日以内 国民年金は死後14日以内	市区町村役場、又は年金事務所	
故人が健康保険の被扶養者のとき、被扶養者異動届	死後5日以内	健康保険組合、又は協会けんぽ（勤務先を経由して）	
故人が国保・後期医療の場合、葬儀費の請求	葬儀の日から2年以内	市区町村役場	
故人が健康保険の場合、埋葬料の請求	死後2年以内	健康保険組合、又は協会かんぽ	
高額療養費の請求	支払から2年以内	市区町村役場、又は健康保険組合・協会けんぽ	
遺族年金の請求	死後5年以内	市区町村役場、又は年金事務所	
生命保険の死亡保険金の受給	死後3年以内	保険会社	

葬式後の手続きチェック表2

手続内容	期限	手続先	チェック項
故人の所得税の準確定申告（確定申告）	死後4か月以内	税務署	
自動車の名義変更	死後15日以内	陸運事務所	
銀行預金、郵便貯金の相続	すみやかに	各金融機関	
パスポートの返還	すみやかに	都道府県の旅券課	
運転免許証の返却	すみやかに	警察（公安委員会）	
携帯電話、プロバイダーなどの解約	すみやかに	各会社	
固定電話の加入権の引き継ぎ	すみやかに	所轄の営業所	
公共料金（電気・ガス・水道・NHK）の名義変更	すみやかに	各事業所	
借地や借家の名義変更	すみやかに	地主、不動産会社	
各種会員、クレジットカードなどの会員の脱退	すみやかに	各会社	

注）死後の手続きの起算日は死亡日の翌日です。

注）年金については最寄りの年金事務所のほか「年金相談センター」でも受け付けています。

注）印鑑登録証、マイナンバーカード、住基カード、市民カードなどの返却は市町村によって扱いが違うので、問い合わせて確認しましょう。

注）個々の事情により上記のすべてが必要でない場合もあります。各関係官公庁などに確認ください。

とはありません。しかし、延滞料金が発生する場合がありますから注意が必要です。

各種届出に必要な書類

なお、次ページに年金・保険請求の届出に必要な書類を一覧にしました。また、これ以外の手続きにも必要な書類が出てきます。以下、その書類の取得方法を説明します。

必要になる主な書類は「住民票」「除住民票」「戸籍謄本」「除籍謄本」「改製原戸籍謄本」「印鑑登録証明書」「死亡診断書（コピー）」「マイナンバー」「身分証明書」です。

「住民票」は、書類の申請をする方の住民票です。住んでいる（住民登録している、以下同）市区町村役場が発行してくれます。住民票は、埋葬料をもらうとき、不動産・銀行預金・株券などの名義変更、生命保険の受け取り、遺族年金の手続きなどに必要になります。

「除住民票」は、亡くなった方を証明する住民票です。死亡により住民登録が抹消された住民票で、亡くなった方が住んでいた市区町村役場が発行してくれます。年金の死亡届、未支給年金の受け取り、遺族年金の手続き、国民年金寡婦年金の手続きに必要です。

「戸籍謄本」は、除籍になった人も含めて戸籍に登録されている全員の写しです。書類の申請をする人の本籍のある市区町村役場が発行します。自動車や不動産の名義変更、銀行預金・株券などの名義変更、未支給年金の受け取り、遺族年金の手続き、相続税の申告な

	提出先	死亡 診断書	印鑑	住民 票	戸(除) 籍謄本	その他の必要な 書類
	健康保険組合 又は 協会けんぽ	○	○			健康保険証など
	健康保険組合 又は 協会けんぽ	○	○			健康保険証と領収書など
	健康保険組合 又は 協会けんぽ	○	○			健康保険証など
	市町村役場	○	○			保険証と領収書など
	市町村役場		○	○	○	年金証明書・年金手帳など
	市町村役場	○	○	○	○	故人と妻の年金証書と年収を証明する書類など
	市町村役場 又は 年金事務所	○	○	○	○	年金証書・年金手帳と 所得証明書など
	年金事務所	○	○	○	○	年金証書・年金手帳と 所得証明書など
	生命保険会社	○	○	○		保険証券・印鑑証明書など
	かんぽ生命	○	○	○		保険証券・印鑑証明書など

○が必要書類

※「埋葬費」は故人に家族がいなかったなどの場合に、「埋葬料」の額を上限として埋葬に要した実費を受け取ることができる制度。

※個々により「○」で示した書類以外の書類が必要になる場合もあります。詳しくは関係官公庁などにご確認ください。

どに**必要**になります。

「除籍謄本」は、亡くなられて除籍になった方の除籍を証明する戸籍の写しです。亡くなられた方の本籍のあった市区町村役場が発行します。**不動産の名義変更、銀行預金や株券の名義変更、高額療養費の手続き、故人が会社役員であったときの役員の登記の変更、相**

年金・保険請求での添付書類

		請求期限	
健康保険	埋葬料	2年以内	
	埋葬費※	2年以内	
	家族埋葬料	2年以内	
国保、後期医療	葬祭費	2年以内	
国民年金	死亡一時金	2年以内	
	寡婦年金	5年以内	
	遺族基礎年金	5年以内	
厚年年金	遺族厚生年金	5年以内	
生命保険	保険金	3年以内	
簡易保険	保険金	5年以内	

続税の申告などに必要です。

「改製原戸籍謄本」は、法改正により戸籍の作り直し（改製）が行われる前の古い戸籍のこと。本籍のあった（ある）市区町村役場が発行します。相続に関する手続きで必要です。

「印鑑録証明書」は、実印を証明する書類です。申請する方の住んでいる市区町村役場が発行します。なお、実印をもっていない方は、後述する手続きで必要になるので、実印を作って印鑑登録をする必要があります。印鑑登録は住んでいる市区町村役場で行います。

印鑑証明書は、自動車や不動産の相続と名義変更、銀行預金や株券などの名義変更、生命保険・簡易保険の受け取り、遺産分割協議書の作成、相続税の申告などに必要です。

「死亡診断書（コピー）」は故人が亡くなられたときに、医師が書いてくれるもので、通常死亡届と一対になっています。ただし、1通しか発行してくれないのでコピーを使用します。死亡届、埋葬料・埋葬費の受け取り、生命保険の請求などに必要です。

「マイナンバー」は、平成28年1月から社会保障・税・災害対策の各種手続きで記載が必要になる数列（マイナンバー）です。マイナンバーはマイナンバーカードだけでなく通知カード、マイナンバー入り住民票でもわかります。健康保険の資格喪失届け、埋葬料・埋葬費をもらうときに必要です。

「身分証明書」は、顔写真が表示され、氏名、生年月日、住所が確認できる、以下のものです。運転免許証、運転経歴証明書、パスポート、身体障害者手帳、療育手帳、マイナンバーカードです。これは本人確認に使うので、常時持っておいた方がいいでしょう。

これらの書類の入手には「死亡診断書（コピー）」、「マイナンバーカード」「身分証明書」を除き、１枚200円から800円程度かかります。なお、これらの手配で大変なのが「戸籍謄本」と「改製原戸籍謄本」です。本籍のあったところの市区町村役場に行かないと（郵送でも可）発行してもらえないので本籍が変わった人は、そこまで出向く必要があります。遠い場合は大変なので、行く前に必要枚数は必ず数えて発行してもらいましょう。また、申請には書類のコピーでいい場合もありますし、書類を返還してくれる場合もあるので、それを使えば費用が安く抑えられます。

なお、住民票は全員のものと申請者（委任されているのであれば委任者）だけのものとありますす。戸籍謄本や除籍謄本は全員の戸籍を示すものですが、一部であれば抄本もあります。手続きにどの書類が必要か確認のうえ、発行してもらいましょう。

亡くなって14日以内にすべきこと

以下の届出は14日以内の届けることが法律で決まっています。

世帯主変更届

世帯主が亡くなった場合は「世帯主変更届」を提出します。提出先は市区町村の役場です。その場合、誰が世帯主になるか決めておく必要があります。

ただし、夫が亡くなって妻と幼い子だけ残るとか、妻だけ残る場合は、死亡届だけで自動的に世帯主が決まるので、世帯主変更届を出す必要はありません。

届出する人は新しい世帯主かその世帯員（家族）です。それ以外だと委任状が必要になります。なお、市区町村によっては、**届出に印鑑や身分証明書、国民健康保険に入っていた場合は国民健康保険の被保険者証などが必要**になる場合があります。

国民健康保険の保険証の返納、遺族の加入

故人が**国民健康保険に加入していた場合は、その保険証を返納します。返納先は市区町村の役場**です。

遺族で故人の健康保険（国民健康保険以外）の扶養であった場合は資格を喪失するので、新たに国民健康保険に加入するか、他の家族で会社員の方の扶養に入る必要があります。

資格喪失は亡くなった翌日から始まりますし、また、申告が遅れても遡って保険料を請求されるので、14日までといわずに早めに手続きしたほうがいいでしょう。

手続きは故人の健康保険証を勤務先に返し、勤務先からもらった「健康保険資格喪失証明書」と本人確認の身分証明書をもって、市区町村の役場で行います。

なお、亡くなられた方が**後期高齢者であった場合は、後期高齢者医療被保険証を返却**することになります。

また、このとき、故人の加入している保険が国民健康保険や後期高齢者医療制度の被保険者であれば市区町村から葬祭費が出ます。また、健康保険であれば埋葬料が出ますので、その手続きも同時にしましょう（次項参照）。

葬祭費、埋葬料の請求（これは14日以内ではない）

故人が国民健康保険や後期高齢者医療制度の被保険者であった場合、ほとんどの市区町

葬祭費と埋葬料の請求のしかた

	葬祭費	埋葬料
保険制度	国民健康保険、又は後期高齢者医療制度	健康保険（協会けんぽ、健康保険組合など）
申請先	市区町村役場の国民健康保険担当課、または後期高齢者医療担当課	故人の勤務先の健康保険組合、または協会けんぽ
必要書類	・葬祭費支給申請書 ・保険証 ・振込先の口座番号（葬儀社の領収書や会葬礼状が必要な場合もあります） ・印鑑	・健康保険埋葬料（費）申請書 ・健康保険証 ・埋葬許可証、または死亡診断書の写し ・振込先の口座番号（遺族がいない場合、葬儀費用の領収書） ・印鑑
期限	葬儀を行った翌日から２年以内	

▼

問題がなければ指定口座に2～3週間後に振り込まれる

村から**「葬祭費」（「葬祭料」とも呼ばれる）**が支給されます。

　手続きの期限は葬儀の日から2年以内ですが、通常は国民健康被保険証や後期高齢者医療被保険証を返納するとき、同時か直後に行うケースがほとんどです。

　あるいは、制度について市区町村の係りがそのとき説明してくれます。なお、死亡届が出ていないと受け付けられないので、注意です。

支給金額は市区町村でまちまちですが**数万円程度**です。

一方、**健康保険の場合は、「埋葬料」として5万円が支給**されます。なお、これは故人が資格を喪失していても、故人の死亡が被保険者の資格を喪失して3か月以内であれば請求することができます。

ただし、業務上や通勤途中の災害で死亡した場合は労災保険からの葬祭給付になります。なお、亡くなられたが被保険者の扶養者だった場合は「家族埋葬料」が出ます。被扶養者が亡くなった場合は5日以内の申請なので忘れずにしましょう。申告は勤務先です。

また、健康保険組合によっては、埋葬料以外にプラスの給付が出ることもあるので確認してください。健康保険の場合は、勤務先が手配してくれるので、まず勤務先に連絡をとり、その後の手配を待つのがいいでしょう。

介護保険被保険証の返還

故人で**要介護認定を受けていた人は、介護保険の資格喪失届けを提出し、介護保険被保険者証または資格者証を返還**しなくてはいけません。返還先は住んでいる市区町村ですが、施設などに入っている場合は、その施設が住所地になっていることがあります。

その場合は、施設に入る前の市区町村に届ける必要があります。それは、施設に入る前の市区町村が介護保険の保険者だからです。この点が不明の場合は施設に尋ねれば教えてもらえます。

介護保険料は年金から天引きされていることも多いので、精算によりお金が戻ってくることもあります。そのため、「相続人代表者に関する届け」が必要になる場合があります。その場合、手続きのときに相続人の口座番号と認印が必要になります。また、マイナンバーも必要になるので、マイナンバーがわかるものも用意しておきましょう。

年金受給の停止と未支給年金・保険給付請求

故人が年金を支給されている場合は、厚生年金は死後10日以内、国民年金は死後14日以内に受給停止の手続きをとる必要があります。「年金受給権者死亡届」を市区町村の役場か年金事務所に提出します。

なお、支給されていない年金が故人が亡くなった後でも、支給されることがあります。年金は年に6回、偶数月の15日に前の2か月分が支払われる仕組みです。ですので、死亡したのが偶数月の前半だとしたら、2か月分もらってないことになります。

年金は死亡した月の分までもらえるので、この場合は3か月分もらってないことになります。

その分を「未支給年金・保険給付請求書」の申請で受け取ることができます。請求できるのは亡くなった方と生計を同じくしていた方で、配偶者、子、父母、孫、祖父母、兄弟姉妹、それ以外の3親等以内の親族の順番となっています。自分より先順位がいるときは請求できません。

この請求自体は故人の死後14日以内ではなく、年金の支払日の翌月の初日から5年以内ですが、忘れずに請求しましょう。窓口は市区町村の年金担当窓口か、厚生年金の場合は年金事務所か年金相談センターです。

亡くなってからすみやかにやっておきたいこと

以下のことは、いついつまでにしなくてはいけないと決まっているわけではないですが、なるべく早めにやっておきたいことです。

借家、借地の名義変更

故人が借家や借地の賃貸借契約の当事者であり、**遺族がそのまま住む場合は、契約者の名義変更をします。**民間の場合は、家主や不動産の管理会社に連絡して、新たな契約者になるための必要書類を整えます。

通常は住民票、所得を証明するもの、実印ですが、家主や管理会社に確認しましょう。公営の場合は名義変更の規定があるので、早めに問い合わせましょう。

なお、駐車場などの賃貸借も同じですし、賃貸者契約の連帯保証人になっている場合も名義変更が必要です。

ガス・電気・水道・NHKの名義変更

先にも書きましたが、これらの料金が、故人の銀行口座からの自動引き落としの場合は、口座が凍結されてしまいますので、引き落しができなくなります。そのため、早めに手配する必要があります。

名義変更や口座の変更は、電話やインターネットですぐにできます。その場合、これらの公共料金の領収書に書かれているお客様番号がわかるとスムーズに進むので、探して手元において電話やインターネットで手続きしましょう。なお、お客様番号がわからなくても住所と氏名がわかれば手続きはできます。

運転免許証、パスポートの返納

運転免許証は最寄りの警察署の窓口で返納手続きを行うのが原則です。**運転免許証と死亡の事実が確認できる書類（死亡診断書や戸籍謄本のコピーなど）**があればできます。ただし、返納しなくても時期が来れば失効します。その場合でも一報は入れておきましょう。

パスポートも時期が来れば失効しますが、盗まれて悪用されても困りますので、手続きしましょう。各都道府県の旅券課か最寄りのパスポートセンターに、故人のパスポートと死亡を確認できる書類があれば、手続きができます。

また、手元に遺品として残しておくこともできますが、その場合は無効の手続きをとります。

クレジットカードの解約

クレジットカードや会員証は会社によって手続きの方法が違います。各会社に確認して手続きをとりましょう。多くの会社が、死亡がわかる書類と印鑑が必要になります。

クレジットカードの解約が終わっても、**クレジットカードの支払いは消えません。相続人にその分は引き継がれることになります。**後ほど請求が来ます（翌月だけでなくリボ払いや月賦の場合は何か月先まで）ので、その場合は明細を請求して不明な点がないか確認をしましょう。

なお、最近はクレジットカードで公共料金を支払っているケースが多いので、クレジットカードを止めると、公共料金の支払いも止まってしまいます。そうならないよう公共料金の手続きを忘れないようにしましょう。

携帯電話、インターネット、各種会員の解約

携帯電話の解約は契約している携帯会社の窓口で行います。そのとき死亡が確認できる書類が必要になります。どんな書類が必要か携帯会社に聞きましょう。なお、**死亡が解約の理由の場合は、解約料は取れないでしょうが、それまでの携帯料金は日割りで取られます。早めに解約しましょう。**

インターネットプロバイダーの解約は電話やインターネットでできます。問い合わせしましょう。

ただし、**最近はネットやスマホで様々なサービスの会員になっている人も多くいます。多くはクレジットカードの決済で支払いをしています**ので、クレジットカードを解約してしまえば、その月以上の支払いは起きないと思われますが、タイミングによっては支払いが起きる可能性もあります。早めの解約が正解です。

また、ＪＡＦやデパートの友の会の会員証の解約、公共機関で出している老人優遇パスや無料パスも速めに返還しましょう。

ちなみに、固定電話の電話加入権は不動産や銀行預金と同じように小額ですが遺産相続の対象になります。ただし、他の相続財産とは違って、遺産分割前に承継の手続きができます。手続きには死亡の確認ができる書類、相続人であることがわかる書類、新しい名義人の戸籍謄本と印鑑が必要です。所轄の営業所に行くか郵送で申請します。

遺品の整理

早めにしなくてはいけない手続きが終わったら、遺品の整理もしましょう。大切な人の遺品の整理は、思い出も多くなかなか進まないものです。

しかし、各種手続きや相続には欠かせない書類や資料が出てくる可能性があります。また、気持ちの整理にもなります。

遺品は、保存するもの、形見分けや寄付するもの、処分するもの、の3つに分類します。

保存するもの

預金通帳や株券、不動産関係書類、借用書、年金手帳、実印など、相続や今後の手続き関係に必要になる場合があるので、1つにまとめて大切に保管しておきましょう。特にとっておくべき書類を次ページ以降にまとめましたので参考にしてください。

日記や手帳、住所録、手紙などは、故人の交友関係や思い出を知るには大切なものですし、相続などでもめた場合の貴重な資料になることもあるので、1年は保存しましょう。

取っておくべき書類となくしたときの再発行先 1

取っておくべき書類	この手続きに必要	再発行先
年金証書	年金の受給権停止（国民年金は死後14日以内）	年金事務所
	未支給年金を請求（5年以内）	
年金手帳	各種年金（遺族基礎年金、遺族厚生年金、死亡一時金、寡婦年金）を請求	年金事務所、役所
国民健康保険被保険者証	国民健康保険の資格喪失手続き（75歳未満）	役所
後期高齢者医療被保険者証	後期高齢者医療制度の資格喪失手続き（保険証は返却）	役所
限度額適用・標準負担額減額認定証	後期高齢者医療制度の資格喪失手続き（高額療養費がある場合）	役所
特定質病療養受療証	後期高齢者医療制度の資格喪失手続き（慢性腎不全、血友病などの場合）	役所
介護保険被保険者証	高額介護サービス費の請求（死後2年以内）	役所
	介護保険の資格喪失手続き（死後14日以内）	役所
介護保険負担限度額認定証	介護保険の資格喪失手続き（介護保険施設やショートステイを利用の場合）	役所
貸金庫の正鍵	銀行の貸金庫の開庫手続き	銀行
銀行のキャッシュカード	銀行口座の名義変更（キャッシュカードの処分）	銀行

（週刊現代2019年3月9日号（32〜34頁）より作成）

取っておくべき書類となくしたときの再発行先 2

取っておくべき書類	この手続きに必要	再発行先
銀行通帳	葬儀費用などで、遺産分割前の預金払い戻しを請求する手続き	銀行
	銀行口座の残高証明書の発行	銀行
	銀行口座の名義変更	銀行
預金証書	銀行口座の名義変更（定期預金の場合）	銀行
保険証券	生命保険の死亡保険金の受け取り（死後3年以内）	保険会社
登記済証・登記識別情報通知書	遺産分割協議書の作成	再発行不可
	不動産の名義変更、所有権移転登記	再発行不可
不動産の売買契約書	相続した不動産の売却	売り主、仲介業者
自動車検査証	自動車の名義変更	運輸支局
自動車損害賠償責任保険証明書	自動車の名義変更	保険会社
証券会社からの郵送物（取引報告書など）	株、投資信託の名義変更	証券会社
株式の売買契約書	非上場企業の株券の名義変更	発行会社

取っておくべき書類となくしたときの再発行先 3

取っておくべき書類	この手続きに必要	再発行先
ゴルフ会員権証券	ゴルフ会員権の名義変更（預託、株式）	ゴルフ場
土地賃貸借契約書	相続税を申告（土地の借地権の確認）	再発行不可
金銭消費貸借契約者	相続税を申告（負の相続財産の確認）	銀行など
	相続放棄の期間（3か月）を延長	銀行など
クレジットカード利用明細書	相続税を申告（負の相続財産の確認）	カード会社
年金や給与の源泉徴収票	故人の所得税の準確定申告	年金事務所、会社
社会保険料控除証明書	故人の所得税の準確定申告	年金事務所
医療費の領収書	故人の所得税の準確定申告	再発行不可
	上限額を超える高額療養費の払い戻し（2年以内）	再発行不可
葬儀社の領収書	葬儀費を申請（国民健康保険・後期高齢者医療制度に加入の場合）	葬儀社
墓地使用許可証	お墓の改葬、祭祀財産承継者指定の申し立て	寺院、役所
住民基本代台帳カード、マイナンバーカード、運転免許証、パスポート	各返却手続き	役所など

また、親が自営業だった場合は、確定申告や課税に関する調査で必要になるため、領収書や仕事関係の書類は、7年間保存する必要があります。

なお、サラリーマンであっても、仕事関係の書類は会社にとって必要になる可能性がありますので、まず、会社に問い合わせましょう。

形見分け、寄付

故人の生前、愛用していたものを友人、近親者に贈るのが形見分けです。あるいは、形見分けとして知人や友人、後輩などが求める場合があります。形見分けになるものは相続財産ではない衣類や装飾品、装身具、時計や書類やコレクションです。

壊れていたり、汚れていたりしているものは、相手がどうしても欲しいと言われない限り、贈らない方が無難です。衣類はクリーニングし、着物はリフォームして贈った方がいいでしょう。

また、**遺品を寄付したい場合は、市区町村の福祉課と相談しましょう。**寄付先を紹介してくれます。

処分するもの

不要になったものは遺族の手で消却します。ただし、遺品の数が多く整理ができない、処分ができない場合は、**遺品整理業者に引き取ってもらいましょう。**遺品整理会社のサービスの流れと金額を表にしましたので、参考にしてください。

遺品整理サービスの料金の一例

1K　（作業員2名）	6万円～
2DK（作業員3名）	18万円～
要望に応じて、合同供養やリフォーム、車の廃車手続き代行などのサービスを追加で行う業者もあります。	

遺品整理サービスの流れの一例

① 申し込み

↓

② 見積り

部屋の状況を確認後、見積書を作成します。申し込みが完了してから、作業日を設定。

↓

③ 遺品の整理・仕分け・梱包

↓

④ 遺品の搬出・掃除

遺品をすべて運び出したあと、部屋の中をすみずみまで掃除。要望に応じて、部屋の消毒や脱臭も行います。

↓

⑤ 指定先への発送

要望に応じて、大型の家具や家電なども遺族の家まで届けます。

（以上、『改訂増補　親の葬儀とその後事典』（法研）85頁より引用）

高額療養費を請求する

国民健康保険、後期高齢者医療制度、健康保険の加入者であれば、亡くなった方でも一か月の医療費の自己負担が高額になり一定の金額を超えた場合は、その分が払い戻されます。

この制度が**「高額療養費制度」で70歳以上の方の場合は、特に自己負担限度額は低く抑えられています。**次々ページの自己負担限度額をご覧ください。

亡くなった方の医療費が大きい場合は、病院や市区町村の担当課に相談してみましょう。ただし、差額ベッド代、先進医療代の自己負担分、入院費の食事代と居住費負担は対象外です。

高額療養費の申請場所は、国民健康保険と後期高齢者医療制度の被保険者の場合は市区町村の担当課、健康保険は会社の担当者に聞いてみましょう。**申請の期間は診療月の翌月1日から2年以内です。**

必要な書類は保険証、申請書、医療機関の領収書と認印です。

生命保険金の受け取り

生命保険は請求しなければ受け取れません。**死亡保険金は死後3年以内（簡易保険は死後5年以内）に請求しなければ失効**してしまいます。

故人が亡くなる前に生命保険に入っていることがわかっていればいいですが、そうでない場合は、気がつくのが大変になります。生前のうちに聞いておきましょう。なお、遺品整理のときに見つかる場合もあります。

保険金の受取人が相続人の場合は、相続税がかかりますが、非課税の適用があります。それ以外は受取人と保険料を負担している人によって、**所得税や贈与税がかかる場合があります。**

また、保険契約時に病歴や健康状態を偽って報告していたときや、契約から1年以内に自殺した場合は、保険金が下りない場合があります。保険金は、それらの問題がなければ、必要書類を提出して約1週間程度で指定口座に振り込まれます。なお、必要書類は保険会社や郵便局に電話で連絡すれば、送られてきますので、それに記入して返送します。

	外来（個人ごと）	ひと月の上限額	多数回該当の場合
	18,000円 年間上限14万4千円	57,600円	44,400円
	8,000円	24,600円	
		15,000円	
	252,600円＋（医療費－842,000）×1%		140,100円
	167,400円＋（医療費－558,000）×1%		93,000円
	80,100円＋（医療費－267,000）×1%		44,400円

	自己負担上限月額	多数回該当の場合
	252,600円＋（医療費－842,000）×1%	140,100円
	167,400円＋（医療費－558,000）×1%	93,000円
	80,100円＋（医療費－267,000）×1%	44,400円
	57,600円	44,400円
	35,400円	24,600円

自己負担限度額

70歳以上の方

	所得区分	
一般	年収156万円～ 約370万円	
住民税非課税者	II 住民税非課税世帯	
	I 住民税非課税世帯（年金収入80万円以下）	
現役並み	年収約1,160万円～	
	年収約770万円～約1,160万円	
	年収約370万円～約770万円	

70歳未満の方

所得区分	
年収約1,160万円～	
年収約770万円～約1,160万円	
年収約370万円～約770万円	
年収約370万円以下	
住民税非課税者	

※医療費は窓口負担分ではなく、実際の医療費のことです。多数回該当とは4か月以上自己負担上限額を超えた場合、4か月目からの上限額のことです。なお、上限額も世帯全員で合算できる場合もあるので役場の保険担当にたずねてみましょう。

死亡保険金（例）

被保険者	保険料負担者	受取人	課税される税金
夫や妻	被保険者	配偶者	相続税＝被保険者と保険料負担者が同じとき ※受取人が法定相続人の場合、1人につき500万円まで非課税
父や母	被保険者	子	
夫や妻	夫の場合妻 妻の場合夫	左に同じ	所得税（一時所得）＝受取人が保険料負担者のとき
例えば父	例えば母	例えば子	贈与税＝被保険者、保険料負担者、受取人がそれぞれ違うとき

生命保険を受け取る方法

加入者の死亡

↓

請求は死後3年以内

A. 生命保険会社に連絡

保険証書番号、死亡した方の氏名、死亡した日時、死因原因
を伝え「死亡保険金支払請求書」を送ってもらう。

↓

B.「死亡保険金支払請求書」提出

↓

C. 問題がなければ通常1週間で保険金が指定の口座に振り込まれる

「死亡保険金支払請求書」の添付書類

保険証券、死亡診断書、死亡した人の住民票、受取人の戸籍謄本（抄本）、受取人の印鑑証明書、振込口座番号、受取人の氏名・連絡先 など

※保険会社により必要書類が異なる場合があります。
※事故死や自殺の場合は、別途書類が必要。

遺族基礎年金、寡婦年金、死亡一時金の対象(国民年金)

国民年金に加入していた場合に支給される遺族給付は3種類あり、「遺族基礎年金」「寡婦年金」そして、「死亡一時金」です。

遺族基礎年金は高校生以下の子どもがいる場合に支給されます。高校生以下の子どもがいない場合は妻が残されても「遺族基礎年金」は出ません。

「寡婦年金」は、亡くなった夫が10年以上年金を納めていた場合、妻が60歳から65歳の間の5年間限定で受給できる年金です。支給額は夫に支給されるはずだった老齢基礎年金相当額の4分の3です。

死亡一時金は、36か月以上年金を納め、老齢基礎年金も障害基礎年金も受けていない方が死亡した場合に受け取れるものです。年金を納めている年数が長ければ、その分一時金の額は増えます。

国民年金の遺族給付の詳細については次ページにまとめましたので、確認ください。手続きはすべて市区町村役場の国民年金課です。

国民年金の遺族給付

	受給要件	提出先	添付書類
遺族基礎年金	死亡者が国民年金被保険者 老齢基礎年金の資格期間を満たしていること	市区町村役場の国民年金課	・死亡者と請求者の年金手帳または年金証書 ・戸籍謄本 ・世帯全員の住民票 ・死亡者の除住民票 ・生計維持申立書 ・受取先金融機関の通帳など ・死亡診断書のコピー ・請求者の所得証明 ・印鑑
寡婦年金	国民年金保険料を10年（免除期間を含む）以上納付 老齢基礎年金を受けたことがなく死亡した夫と10年以上婚姻していた妻	市区町村役場の国民年金課	
死亡一時金	死亡者が36か月以上国民年金保険料を納付	市区町村役場の国民年金課 ※ただし、第3号被保険者（会社員の妻など）が死亡の場合は、年金事務所	

遺族基礎年金の額

受給者が配偶者と子1人の場合　……　1,003,600円
受給者が子1人の場合　………………　779,300円
※子の加算は2子までは224,300円､3子目以降は74,800円（平成30年4月現在）

寡婦年金の額

夫の老齢基礎年金相当額の4分の3
※老齢基礎年金相当額　夫の第1号被保険者（任意加入を含む）期間だけで計算した額のこと

死亡一時金の額

保険料納付済期間	死亡一時金の額
36か月以上15年未満	120,000円
15年以上20年未満	145,000円
20年以上25年未満	170,000円
25年以上30年未満	220,000円
30年以上35年未満	270,000円
35年以上	320,000円

備考

遺族基礎年金（遺族厚生年金も同じく）①②のいずれかの条件が必要な場合があります。

①保険料納付期間が加入期間の3分の2以上あること

②平成38年3月までに死亡したときは、直近1年間に滞納期間がないこと

遺族厚生年金、寡婦加算（厚生年金）

在職中の厚生年金加入者や老齢厚生年金を受給している人、あるいは1級・2級の障害厚生年金を受給している人によって生計を立てていた家族が、遺族になった場合、支給されるのが、**遺族厚生年金**です。

配偶者か子、父母、孫、祖父母のなかで優先順位が高い人に支給されます。**年金額は亡くなった人の老齢基礎年金の４分の３**です。高校生以下の子どもがいれば遺族基礎年金も受給できます。また、遺族厚生年金が受給できない妻が**「中高齢寡婦加算」（年額58万４５００円）**もらえることがあります。それは、夫の死亡時に妻が40歳以上の場合で、65歳まで遺族厚生年金とともに受給できます。

なお、昭和31年3月以前生まれの妻には、65歳になって老齢基礎年金が発生すると中高齢寡婦加算はなくなりますが、生年月日によって**「経過寡婦加算」が加算**されます。

さらに、65歳以上の配偶者は遺族厚生年金と老齢基礎年金を合わせて受給できます。ただし、**自分の老齢厚生年金を受給できる場合は遺族厚生年金と調整が入ります。**

遺族年金の受け取れる人と額（平成30年4月）

**夫死亡の場合
妻の受け取り分**

1. 高校生までの子がいる妻
   遺族厚生年金
   遺族基礎年金
2. 子のいない40歳未満の妻
   遺族厚生年金
3. 子のいない40歳以上の妻
   遺族厚生年金
   中高齢寡婦加算

遺族基礎年金
年額779,300円＋加算額

遺族厚生年金
死亡者の老齢厚生年金の4分の3

中高齢寡婦加算
年額584,500円

遺族厚生年金を受給できる人
死亡した人によって生計を維持されていた家族
・妻
・高校卒業までの子・孫
（障害等級1、2級の場合は20歳まで）
・55歳以上の夫、父母、祖父母
（支給は60歳から）

老齢年金と遺族年金の支給方法

〈65歳前〉

遺族厚生年金
or
老齢厚生年金
の
一方を選択

〈65歳以降〉

老齢厚生年金のない人

遺族厚生年金
プラス
老齢基礎年金

老齢厚生年金のある人

遺族厚生年金
プラス
老齢厚生年金
老齢基礎年金

優先して支給（→老齢厚生年金）

老齢厚生年金との差額分を支給（→遺族厚生年金）

厚生年金の遺族給付

	受給要件	提出先	添付書類
遺族厚生年金	死亡した人が下記のいずれかの場合 ・厚生年金の加入者 ・厚生年金に加入中の傷病がもとで5年以内に死亡した人 ・障害厚生年金1、2級を受けている人、または受ける権利のある人 ・老齢厚生年金の資格期間を満たした人	死亡者の最終の事業所の所在地又は住所地管轄の年金事務所	・死亡者と請求者の年金手帳または年金証書 ・戸籍謄本 ・世帯全員の住民票 ・死亡者の除住民票 ・生計維持申立書 ・受取先金融機関の通帳など ・死亡診断書のコピー ・請求者の所得証明 ・印鑑
中高齢寡婦加算	上記のいずれかの要件に該当する夫が死亡し、遺族基礎年金を受けることができない40歳以上の妻		

亡くなった人の確定申告は相続人がする

確定申告をするべき人が亡くなった場合は、相続人などが確定申告を代わりにする必要があります。確定申告をするべき人は自営業か、給与所得が2000万円以上、もしくは他の所得が20万円以上ある場合です。申告の時期は相続の開始から4か月以内です。

確定申告は1月1日から亡くなるまでの利益に対して行います。しかし、故人が3月15日以前に亡くなって、前年の確定申告をしていない場合は、前年の分までしなければなりません。

確定申告の仕方は通常の確定申告と変わりません。相続人などの氏名を記載した「付表」が

準確定申告に必要な書類

- 故人の死亡日までの決算書
（サラリーマンの場合は死亡日までの源泉徴収票）
- 所得の内訳書
- 生命保険・地震保険などの領収書
- 医療費の領収書
- 申告者の身分証明書
- 相続人の印鑑

医療費控除額の計算方法

死亡した人の1月1日から死亡日までに支払った医療費の合計額（前年の場合はその一年分）

－

健康保険から償還された療養費・高額療養費や生命保険の入院給付等、補償された金額

－

10万円（所得が200万円以下の場合は所得の5％）

＝

医療費控除額（最高200万円）

医療費控除額の対象になるもの

医療費控除の対象になるもの	医療費控除の対象にならないもの
・医師・歯科医師に支払った病気やケガの診療や治療の費用 ・治療・療養に必要な治療薬の購入費 ・療養上の世話をした保健師・看護師などの費用 ・治療のためのあんま・鍼・きゅうの施術費 ・介護保険制度の下で提供された一定の施設・居宅サービスの自己負担額 ・助産師による分娩の介助費用 ・入院や通院の交通費 ・その他	・医師等への謝礼 ・ドリンク剤などの健康増進や疾病予防のための医薬品の購入費用 ・健康診断の費用 ・入院時の身のまわりなどに使った用品の費用 ・その他

必要になるだけです。申告先は故人の住所地の税務署です。確定申告をすれば、還付金が戻ってくることもありますし、納税は義務なので、しなければなりません。

また、故人の収入が公的年金のみで、収入が400万円以下の人は原則、確定申告は不要ですが、**闘病などで医療費がかさんでいる場合は、源泉徴収された所得税が還付される場合もあるので、申告するといいでしょう。**その場合は医療被の控除になります。

第3章

四十九日法要と
お墓の種類と費用

忌中と喪中でしてはいけないこと

四十九日の法要はご存知だと思います。それまでを「忌中」といい**四十九日の法要で「忌明け」**となります。**神道では最大50日で忌が明けます。**また、**喪中は近親者が亡くなって12か月ないし13か月の間**を言います。この間は「喪に服し」、身を慎む期間になります。

近親者の範囲は2親等までですが、同居していない孫や姻戚（配偶者の親族）までが喪に服する必要はないと思います。その場合はケースバイケースで考えましょう。喪中の期間も、配偶者や両親の場合は12か月ないし13か月ですが、子どもは3か月〜12か月、兄弟姉妹や祖父母は3か月〜6か月と短くなっています。

喪中はお祝いごとや遊興を控えます。ですので、**正月祝いや結婚式に参加しません。年賀状も出しません。**年賀状は事前に喪中であることを知らせる喪中はがき（年賀欠礼）を11月から12月の初めに送ります。

もし、年賀状が届いてしまったら、寒中見舞いを送ります。寒中見舞いや暑中見舞いは体調を気遣うものなので、出しても構いません。

　正月祝いをしないので、子どもたちにお年玉をあげることやおせち料理を作ることもしないのが普通です。しかし、どうしてもという場合は、お年玉でなく、勉強資金（本代）、クラブ活動費の名目で渡したり、おせち料理もお祝いではなく、普通の料理として作ったり、しましょう。ただし、**初詣は忌が明けていれば（四十九日が過ぎていれば）、神道の場合は50日を過ぎていれば、参拝はできます。**

　結婚式も丁寧にお断りしましょう。会社関係で、どうしても出席しなく

忌引き期間（官公庁の場合）

亡くなった人の続柄	期間
配偶者	10日間
父母	7日間
子	5日間
祖父母	3日間
兄弟姉妹	3日間
孫	1日間
おじ・おば	1日間
配偶者の父母	3日間
配偶者の祖父母	1日間
配偶者の兄弟姉妹	1日間

（土日・祝祭日は除く）

てはいけないときでも忌が明けるまでは避けましょう。旅行も遊興の1つですから、同じです。

なお、仕事は忌引き期間が決まっていますからそれを過ぎたらはじめます。忌引き期間は表（前ページ）を見てください。

四十九日の法要と納骨

四十九日の法要で忌が明けます。四十九日までは、亡くなられた方の魂はあの世とこの世をさまよっていると、仏教では考えられています。亡くなられた方には、亡くなってから7日ごとに生前の行いを裁く審判が行われます。それは7回あり、その最後の7回目が四十九日で、その日に極楽へ旅立つのです。

本来であれば、7日ごとに読経し、故人の審判の手助けをするのですが、そのようなことをする家は多くありません。**初七日と四十九日だけすることが多い**ようです。四十九日には、極楽浄土へ行けるように故人に読経をあげます。これが四十九日の法要です。

この日は故人の親族や友人、親しい知人が集まります。初七日は葬儀と一緒の日に行うことも多いので、その場合は葬儀の後に行う最初の大きな法要となります。

法要の会場は、**自宅か菩提寺、あるいは霊園などの施設**で行います。日程は必ずしも四十九日の日でなくてもよく、四十九日より前に行うことができます。仏教では前に前に準備することが大切とされるため、前に行うのはいいことなのです。

なお、会場と日程は、葬儀のときにお坊さんと決めることも多いようです。お坊さんの都合が合わないと法要はできないので、それが一番スムーズなようです。それができない場合は、**少なくとも法要の1か月前までには日程と会場を決めましょう。**

会場と日程が決まれば、電話や案内状で連絡します。法要では、法要後に会食をする場合も多いので、その手配も必要になります。

また、四十九日の法要時に白木の位牌を本位牌にするので、**本位牌の手配も必要です。**お坊さんが白木の位牌から魂を抜き、本位牌に移してくれます。本位牌を作るのは2週間ほどかかります。法要の15日前には仏具店に手配しましょう。

なお、本位牌は故人ごと1人1人作る必要はありません。父が亡くなり、母が亡くなった場合、父の位牌に母の名前を書くスペースがあれば、そこに書いてもいいですし、父と母を一緒の1つの位牌にしても構いません。

そして、**お墓がある家では、四十九日の法要の後に、そのままお墓に納骨します。**法要の後、菩提寺にお墓があれば、そこでしますが、霊園の場合は霊園まで行って納骨式を行います。お墓に納骨した後、お坊さんに読経をあげてもらいます。

法要でのお坊さんへのお布施は、3万円から5万円です。納骨式で1万円。また、お坊さんの車代（送迎のときは必要なし）に1万円、法要の後に行われる会食にお坊さんが参加しない場合は御膳料が5000円から1万円かかります。

墓地と霊園、その他のお墓

すでに、家にお墓がある場合は、四十九日に法要を行い納骨すれば、初盆、一周忌となるわけですが、ない場合は、お墓を立てる必要が出てきます。お墓を立てるには2～3か月の時間がかかることも多いので、四十九日の法要に間に合わなくても構いません。その場合は、納骨式は、法要の後に行うことになります。また、**新しくお墓を立てた場合は、開眼供養をする**必要があります。

墓地と霊園

ただし、お墓はかならずしも立てなければならないわけではなく、考え方次第です。お墓を立てるには、まず、お墓を立てる場所（土地）が必要です。菩提寺があり、そこに立てる場所（墓地）があればいいですが、多くは霊園を使用することになります。

ちなみに、お寺のお墓を立てるところを墓地といい、それ以外を霊園と言います。**寺院に新しく墓地を持つ場合は、檀家になることが必要で、その寺院と同じ宗派でなければな**

らないことも多くハードルが高いようです。ただし、自宅のそばの寺院であれば法要も楽であり、手厚い供養もできます。

霊園は、民間のところと公営のところがあります。公営の霊園の使用料は民間よりも安いですが、その分、希望する人も多いため、抽選になったり、かなり自宅から遠いところになったりすることがあります。墓地にしろ、霊園にしろ、土地を確保したらお墓を立てるのですが、それは次の項で説明します。

納骨堂

墓地と霊園以外に、納骨する場所として、納骨堂、樹林葬、永代供養墓などがあります。**納骨堂は室内のお墓と考えるとわかりやすいです。**ロッカーのように多くの遺骨を納めるスペースが並んでいるところや、仏壇の形のところ、墓石の形になっているところといろいろあります。

中にはコンピュータで制御され、カードを差し込むと骨壷と位牌が壁から出てくるところもあり、遺影がスクリーンに映し出されるところもあります。

納骨堂の費用も通常の霊園やお墓に比べて安いことが多く、宗教にこだわらないところがほとんどです。ただし、**利便性が高く施設も立派だと、逆に費用が高くつく場合がある**

ので、その点は注意が必要です。また、使用期間が決まっているケースがほとんどで（30年〜50年）、その後は合祀されるところが多いです。

樹林葬

樹林葬とは、1本の木の下に遺骨を埋葬することです。通常は、骨壷を使わず遺骨をそのまま土に還します。中には自然に還る素材の骨壷を使って埋葬することもあります。一般の霊園に樹木葬をするスペースを設けているところがあります。

この場合、お墓を立てる必要がなく、スペースも狭くていいので、かなり格安で埋葬することができます。ただし、埋葬した後から、他の墓に移動することができないので、その点は注意です。ちなみに、樹林墓地というものもあります。これは、1本の木の下に多くの遺骨を埋葬するもので、身寄りのない仏様向けのものです。

他にも自然の山々に散骨する自然葬、海に散骨する海洋葬、宇宙に散骨する宇宙葬というものもあります。

永代供養墓

永代供養墓とは、身寄りのない人や墓の継承者がいない人向けに運営母体が代わって永

代に供養してくれるお墓のことです。ただし、永代といっても一般的な弔い上げの33回忌までの場合もあり、その点は確認しておいた方がいいでしょう。

そもそも「永遠」に弔い続けることなどは不可能です。ある程度のところで納得するしかないかもしれません。永代供養は、他の遺骨と合祀されるケースが多く、また、そのときはされなくても年月がたった場合は合祀されるケースがほとんどです。

さらに、お墓の形態も様々で、納骨堂の形のところもあれば、ミニお墓のようなものもあります。費用も10万円から400万円まで幅がありますし、供養もいつどのようにしてくれるか、施設によってばらばらなので、確認が必要です。

手元供養

なお、手元供養といって、遺骨をお墓に入れるのではなく、**手元において、そのつど供養する方法**もあります。あるいは遺骨をお墓に入れながら、一部を分骨し、アクセサリーとして首飾りなどのロケットに入れて、常に手元においておく方法もあります。

現代は、価値観が多様化している時代です。葬式だけでなくお墓の形も様々です。故人が望み、遺族が供養しやすいかたちを求めましょう。

お墓の費用

一般的な霊園の場合、どれぐらいの費用がかかるのでしょうか。先ほども触れましたが、霊園の場合は、まず墓所の「永代使用料」と毎年の管理費がかかります。そして、墓石の石材費、付属品や墓石の加工費、そして石材の施工費が必要です。

霊園の使用料は地域と場所によって大きく違うので、一概に言えません。東京都立霊園である多摩霊園の場合、2018年度の一区画（1・8〜2平米）で162万円から180万円程度ですが、政令指定都市でも静岡県浜松市の公営霊園の場合は18万円から30万円です。

ただし、首都圏でも千葉県松戸市の八柱霊園（都立霊園）なら34万円弱からあり、埼玉県には、民営の霊園でも100万円もかからないところも多いようです。逆に、都内の寺院墓地では450万円以上が普通です。

また、東京にある公営の納骨堂の場合は、4体用で33万円弱、公営の樹木葬の場合は1体で13万円から18万円台です。

管理費は公営であればそれほど高くなく年間数百円から1千数百円がほとんどです。ただし、都内の公営納骨堂は400円強かかります。民間霊園の場合は1万円台の半ば、墓地も1万円のところが多いです。

墓石にかかる費用も、かなり幅があり、多くの人は50万円から200万円の範囲でおさめているようです。ですから、**都内の霊園に墓を立てるとなると、墓所と墓石にかかる費用で、2百数十万円～3百数十万円はかかる**と考えた方がいいでしょう。

ちなみに、墓石への記名ですが、寺院で決まっている場合は別ですが、霊園の場合、「憩」「こころ」「やすらぎ」などの言葉を入れる場合が多くなっています。これは、次項で述べる実家の墓じまいをして、自分たちと同じ墓に入る場合、苗字が違っていると都合が悪いからです。

お墓の費用

お墓の費用＝ 墓所代 ＋ 墓石にかかる費用

墓石にかかる費用＝
墓石の石材費 ＋ 付属品や墓石の加工代 ＋ 施工費

実家の親の墓じまい

承継していく墓が遠くにあり、ほとんど墓守ができなくなったり、1りっこ同士が結婚し、2つの墓を維持していくことが大変になったりしたときなど、**墓じまいをして別の場所に墓を移します。これを「改装」と言います。**

最近は子どもが少なくなり、墓守ができるケースがだんだんと少なくなっています。そのため、墓じまいも普通に行われるようになりました。墓じまいをした後の新しい墓は永代供養墓が多いようです。他には、納骨堂に入れる、散骨する、手元供養などです。

また、夫か妻かどちらか近い方の実家の墓に合祀する場合もあります。

墓じまいの手順は以下のように行います。

まず、**親族の同意を得る**ことです。埋葬されている人の両親はもちろん、兄弟姉妹や子どもが生きている場合は、遠くに住んでいてもお墓には思い入れがあります。トラブルになるケースもありますから、必ず了承を取り付けましょう。

そして**墓地の管理者に伝えます。**霊園の場合は事務的にことが進んでいきますが、菩提寺の場合、檀家が1つなくなることですから、きちっと了解してもらうことが大切です。

そして、**永代供養墓など新しく墓に入れる場合は、「改装許可証」が必要**になります。現在の墓地のあるところの役所で「改装許可申請書」を手に入れます。

そして、**「埋葬証明書」**を現在の墓地の管理者に発行してもらい、**改装許可申請書**に必要事項を記入し、新しい墓の受け入れ先から発行された**「受け入れ証明書」**（中には「墓地利用許可書」が必要な場合もあります）とともに3通を、現在の墓地のある役所に提出すると、改装許可証をもらうことができます。

ただし、散骨や手元供養の場合は、改装許可証は必要ありません。しかし、中には改装許可申請書の提出を求めるところもあります。その場合は理由の欄に「自宅供養のため」と書けば、大丈夫でしょう。ちなみに、**改装許可申請書は遺骨一体ずつ必要になります**ので、忘れないようにしましょう。

そして、現在の**墓地の「閉眼供養」**をして、更地にし管理者に引き渡します。墓には仏様や神様の力が宿ると考えられているので、その力を抜く供養が閉眼供養です。

これらにかかる費用は、書類に数百円から数千円。閉眼供養のお布施に2万～5万円。菩提寺にお墓がある場合は、離檀料がかかります。3万円から15万円あたりが相場です。更地にする費用は1平米10万円が相場。クレーン車が使えないと、高くなります。

新盆（初盆）と一周忌

お盆（盂蘭盆会）は地域や宗派で異なりますが、本来は先祖の霊が家に帰ってくる旧暦の7月13日から16日に行われていました。現在は、旧暦の7月にあたる8月13日から16日まで行いますが、東京は旧暦の暦どおりに7月13日から16日に行います。地域によっては東京と同じ時期にするところもあります。

新盆（初盆）は亡くなった年に行う初めてのお盆のことです。しかし、お盆が四十九日の前に来る場合は、翌年に行います。お盆は13日の夕刻に玄関先でおがらを焚いて（迎え火）先祖の霊を迎えます。そして16日の夕刻に送り火を焚きます。お盆の間は精霊棚を作り先祖を供養します。

新盆は通常の盆より盛大に法要を行います。お坊さんに読経をしてもらい親族や親しい知人を呼んで精進料理でもてなします。また、提灯を玄関に飾る地域もあります。

一周忌は、寺院で法要を営むことが多いです。親族だけでなく親しい友人知人を呼ぶ場合もあります。法要後に卒塔婆をもらい、墓前でお墓参りをします。

第4章

相続の基本

相続で大切なことは3つ

今、あなたは大切な人を亡くし、悲しみに暮れる間もなく葬儀、行政手続などに忙殺されている最中かもしれません。相続の最終目標である遺産分割までには多数の書類の収集が必要ですし、相続人全員で必ず遺産分割の話し合いを持たなくてはなりません。ご自身の日常生活と並行して多数の手続をすること、予想のつかない相続人間の話をすることなどを考えると、あまりにも負担が大きく、困難なものに感じられていることと思います。

ただ、実は相続で大切なことは、たった3つだけです。それは、**遺言、相続人と遺産の確定、遺産分割協議**です。

遺言を確認する

相続は、死亡によって開始します。あなたの近親者がお亡くなりになったその瞬間から始まるのが相続です。そして、この相続において、あるのとないのとでは全くその後の手続が変わってくるのが、遺言です。遺言がある場合には、相続人たちで話し合いをしなくても、遺言のとおりに財産を分けることができることも多くあります。**遺言があれば遺言のとおりに、遺言がない場合には民法の定めるルールによって相続が行われます。**そのため、相続が始まった場合にはまずは遺言がどこかに保管されていないか、調べてみてください。なお、後に詳しく説明しますが、遺言には自筆証書遺言、公正証書遺言、その他いくつかの方式の遺言があります。

相続人と遺産を確定する

そして、次に大切なことは、**いったい誰が相続人なのか（相続人の範囲）、また相続の対象となる財産は何なのか（遺産の範囲）、これをきちんと確認することです。**遺産分割は相続人全員で行わなくてはなりませんから、誰が相続人なのかわからなければ遺産分割協議などできませんし、何が相続の対象財産なのかがわからなければ、公平な遺産分割にはなりません。通常は、相続人の範囲に関しては、戸籍や改製原戸籍を過去にさかのぼっていくことで確認ができます。しかし、遺産の範囲については、被相続人が財産目録などを準備してくれていない場合には、捜索が困難を極めることもあります。また、戸籍に載っていなくても自分も相続人であると主張する者が現れたり、特定の土地建物や預金などが遺産に含まれるかどうかで争いになったりすることもあり、相続人間で確定できない場合には訴訟でこれを確定することがあります。

相続分に応じて遺産分割協議をする

その次のステップとして、各相続人がもらえる割合は、法律上いったいどのような割合になっているのかを考え、遺産分割協議をします。相続分は、相続人が被相続人からみてどのような関係になっているかによって、法律上決定されます。

そして、これらのことをきちんと確定させた後に、相続人全員で具体的に遺産をどのように分割するのかを話し合うことができます。この話し合いがつけば、相続人全員で遺産分割協議書を作成した上で、各種の財産の名義変更手続を行っていきます。ただ、ここでどうしても話し合いがつかない場合には、家庭裁判所での調停、審判などに進むことになります。

これから一つずつ相続手続についてできるだけ簡単にわかりやすく解説をしていきます。なお、遺産相続には多数の専門用語が出てきますが、この本では専門用語はできる限り使わずに説明します。それでも出てきてしまう、最低限の用語について、次のページに載せておきます。これから先のページを読み進めてみて、わからない用語があれば、このページを見てみてください。

知っておきたい専門用語

被相続人

亡くなった方、相続される人

相続人

被相続人の子どもや妻など、相続をする人

特別受益

被相続人から相続人に対する遺贈または一定の目的の贈与

認知

結婚していない父母の間に生まれた子について、父が自らの子であることを認め親子関係を発生させること

自筆証書遺言

遺言者（被相続人になる人）がその全文、日付及び氏名を自書し、これに印を押して作成する遺言

公正証書遺言

遺言者が公証人に遺言の内容を伝え、その内容に基づいて公証人が公正証書として作成する遺言

相続はどんなときに開始するのか?

相続は、被相続人が死亡したその瞬間に始まります。「死亡」と言っても、生物学的な死亡の他に、法律上死亡したものと扱うというものもあります。「失踪宣告」と呼ばれるもので、家庭裁判所の失踪宣告が確定すると、その人は法律上死亡したものと扱われます。そのほかに、珍しいものとしては、戸籍法上の認定死亡という制度もあります。

失踪宣告は、「普通失踪」と「特別失踪」があり、それぞれ左記のようなものです。

普通失踪→言葉のとおりの失踪。7年以上一人旅に出かけたまま帰らないなどの場合

特別失踪→戦地に臨んだ場合、乗っていた船が沈没した、そのほか、地震や洪水などといった災害に遭遇した場合で、当該危難が去った後に1年以上生死が確認できない場合

行方知れずや遺体が発見できない方の相続を開始するためには、右記の失踪宣告を使うことが通常です。

しかし一方で、失踪宣告は残された家族が家庭裁判所に申し立てをしないとならず、残された家族の手続的な負担がありますし、確定するまでの間に一定の公告期間を設けなけ

ればならず、迅速性に欠けます。

東日本大震災の際には多数の方の行方がわからなくなりました。このような**大規模災害の場合には認定死亡という制度が活用**され、遺体の発見ができなかった方の死亡の認定を迅速化しています。

失踪宣告とは

失踪宣告とは、「普通失踪」と「特別失踪」があり、それぞれ下記のようなものです。

普通失踪

言葉のとおりの失踪。7年以上一人旅に出かけたまま帰らないなどの場合

特別失踪

戦地に臨んだ場合、乗っていた船が沈没した、そのほか、地震や洪水などといった災害に遭遇した場合で、当該危難が去った後に1年以上生死が確認できない場合

行方知れずや遺体が発見できない方の相続を開始するためには、上記の失踪宣告を使う

相続が始まったら遺言の捜索をしよう

遺言でできることは何か

あなたの身近な大切な人がお亡くなりになった、あなたは悲しみに暮れる時間もなく、押し寄せる葬儀の手配や死亡届などの諸手続に忙殺されることになります。そのような忙しい中でも忘れてはならないのが、遺言の捜索です。

残された相続人たちにとって、相続において被相続人の財産を誰がどのぐらい取得するのかは、一番の関心事と言ってもいいかもしれません。そして、遺言には、一般に、遺贈や遺産分割方法の指定など、被相続人の財産の分け方が記載してあり、これには法律上の効果として遺産の分け方を決定する力があります。このような遺言によって、すべての財産の分け方が正しい方式で明確に記載されていた場合には、遺産分割協議は不要です。

遺産の分け方を記載してあるのですから、それだけで遺言が重要であるということは一見して明白です。しかし、遺言によって法律上の効果を発生させることのできることは、実はほかにもあります。その中には、遺言による「認知」（民法781Ⅱ）や「推定相続

遺言でできること

1. 認知
2. 未成年後見人などの指定
3. 遺贈
4. 推定相続人の廃除及び取消
5. 相続分の指定または指定の委託
6. 遺産分割方法の指定または指定の委託
7. 遺産分割の禁止
8. 特別受益の持ち戻しの免除
9. 共同相続人間の担保責任に関する指定
10. 遺贈の遺留分減殺方法の指定
11. 遺言執行者の指定または指定の委託
12. 祭祀承継者の指定
13. 遺言の取消
14. 信託の設定など

人の廃除」（民法893、894Ⅱ）なども含まれます。ドラマや小説などで親族が集まり亡き父の遺言を読んでみたところ、家族の誰も知らない子どもがいることが発覚する場面などを見たことがあるかもしれませんが、実はこのようなことができるのは民法に根拠があるからなのです。

さらに、付言事項といって、法律上の効果はなくても、遺言の中に被相続人が何を思ってこの遺言をしたためたのか、また被相続人にとって大切な人たちへのメッセージなども記載されていることがあります。以上のように、遺言には相続人たちにとってとても重要なことが記載してあります。必ず遺言を探しましょう。

遺言捜索の方法

遺言捜索の方法は、まずは**自宅の金庫や重要書類の保管場所などを探してみましょう。**これらの場所で見つからなかったら、**公証役場で、公正証書遺言が保管していないかを検索してもらいましょう。**これは最寄りの公証役場から全国すべての公証役場について検索をすることができます。さらに、2019年7月20日からは、自筆証書遺言についても法務局で保管してもらうことができるようになりますから、自筆証書遺言についても法務局で検索をしてもらうことができるようになります。

いったい誰が相続人になるのか

相続人確定の基本ルール

被相続人が亡くなって、いったい誰が相続人になるのでしょうか。今この本を読んでいる方が被相続人の妻や子どもであれば、相続人になります。しかし、子どもがいない場合は誰が相続人になるのでしょうか、また被相続人の妻に前夫との子がいる場合、法定相続人である子どもが死んでしまっている場合、まだ妻のおなかの中に生まれていない子どもがいる場合など、様々な場合において、いったい誰が相続人になるのかを確定することは必ずしも容易ではありません。このような場合に誰が相続人となるかは、すべて民法に定められています。その基本ルールは次のとおりです。

①配偶者（妻、夫）は常に相続人となる（LGBTを含む事実婚のパートナーは含まれない）

②そのほかの人については、下記の順位によって相続人となる

第1位　被相続人の子、すでに死亡している場合には孫、ひ孫と永久に代襲する

第2位　被相続人の直系尊属（ただし近い祖先が優先）
第3位　被相続人の兄弟姉妹、すでに死亡している場合は甥姪。ただしこれ以上は代襲しない。

下上横ルール

私はこの妻以外の相続人の決め方のルールを「下上横ルール」と呼んでいます。どういうことかというと、家系図を思い浮かべてこのルールをあてはめてみると、次のようになるからです。

①子どもがいれば子ども、孫などが相続人となる（「下」に相続される）。
②子どもがいなければ親、祖父などが相続する（「上」に相続される）。
③子どもも親もいなければ、兄弟または甥姪が相続する（「横」に相続される）。

あなたの家族の構成を思い浮かべてこの上下横ルールで誰が相続人となるか考えてみてください。

妻は常に相続人となり、下上横ルールによって相続人になると順位が決まります。

養子や愛人との子は含まれるのか

　また、「子」とは養子も含みますし、被相続人の前妻との子どもも当然含みます。一歩進んで愛人とその子どもがいる場合、その子どももも「子」として相続人となります。なお、愛人自体は法律上の婚姻関係にない以上、相続人とはなりません。

　基本パターンについて具体的なあてはめをしてみると次ページ以降の図のようになります。

　◯がついている人が相続人で、×がついている人は相続できない人です。

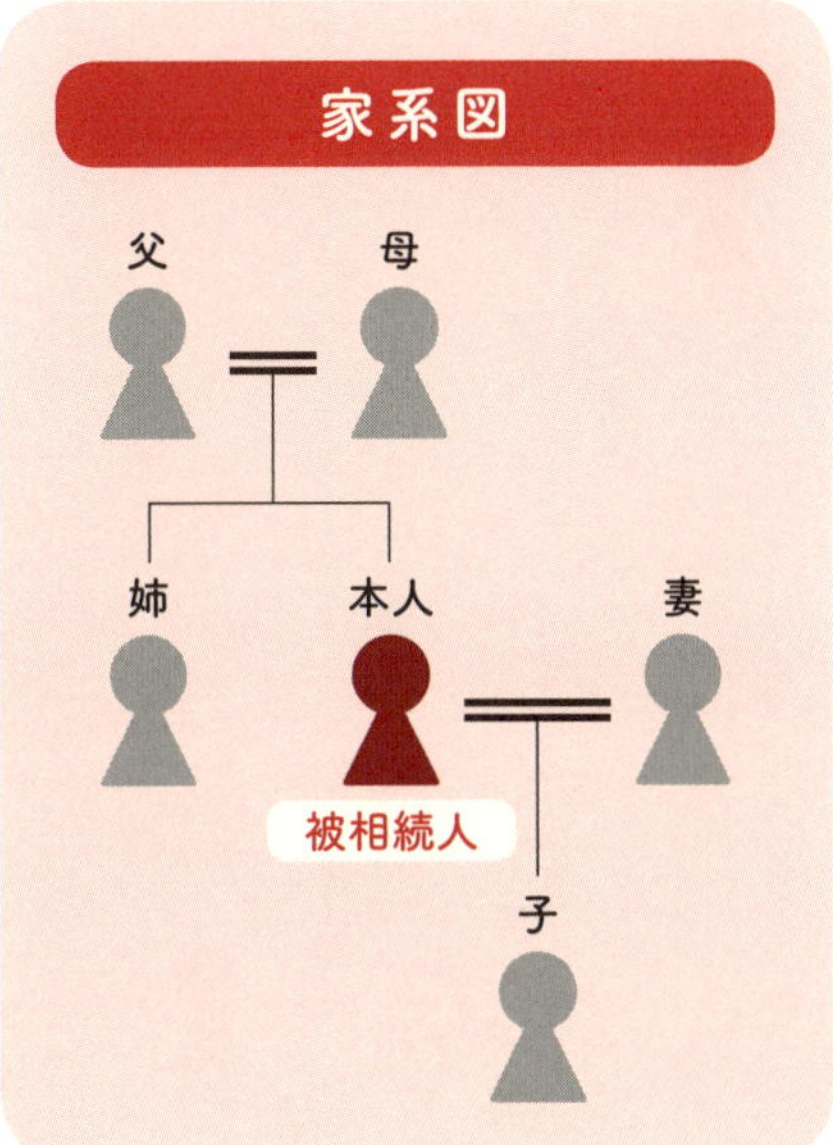

相続人の調査はどんな戸籍をとればいいのか

　このような相続人の全体像を把握するためには、通常は戸籍や原戸籍を集めることによって調査をします。戸籍とは、言わずと知れた個人の身分関係の変動を記録したものです。

【相続パターン】

パターン1

妻と子がいる場合

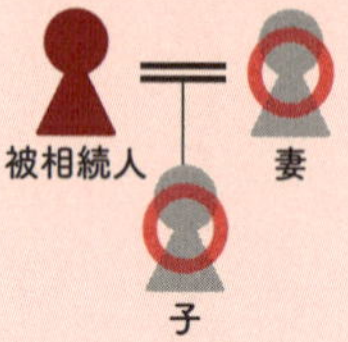

パターン2

子がおらず、妻と親が生きている場合

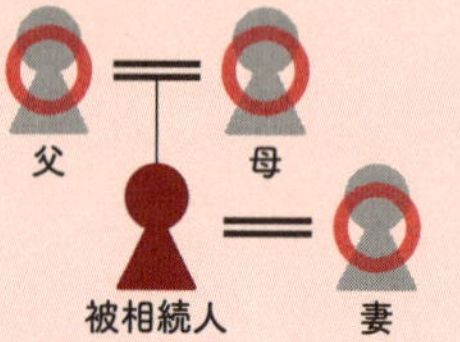

パターン3

子がおらず、親も死んでおり、
兄弟が生きている場合

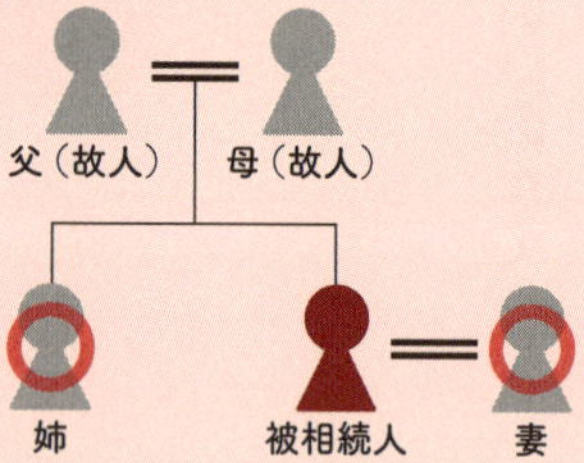

パターン4

妻とは内縁
関係だった場合

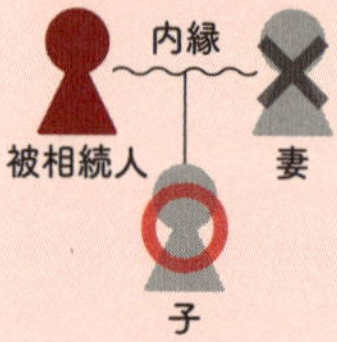

パターン5 LGBTパートナーの間の相続

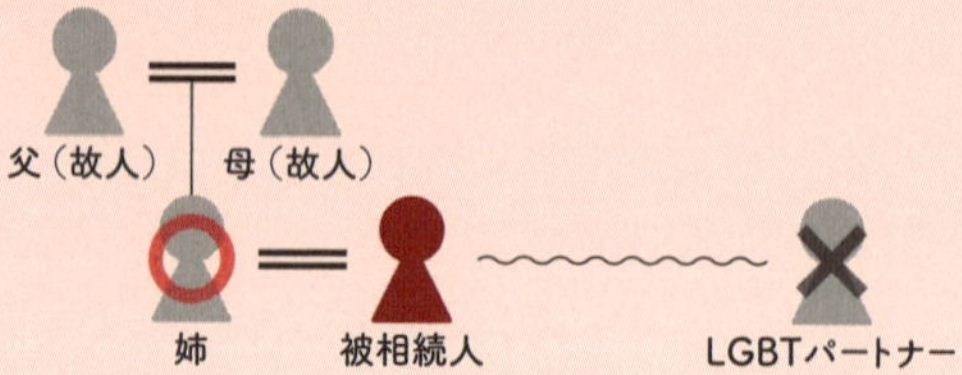

パターン6

妻の連れ子がいる場合
（養子としていない場合）

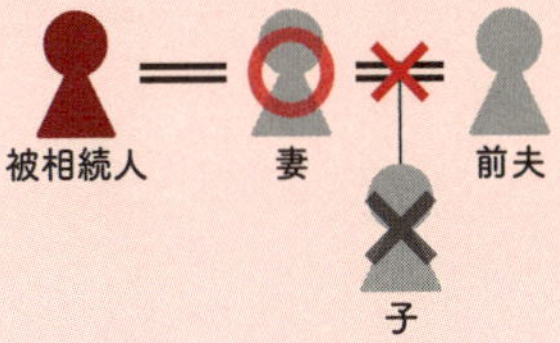

パターン7

子が亡くなっており、
孫が存命の場合（代襲）

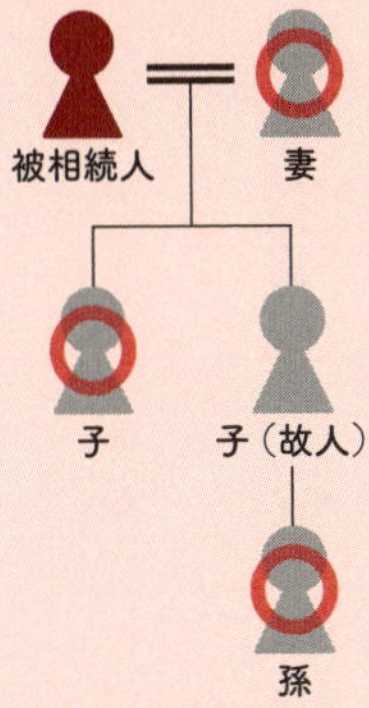

パターン8

妻のおなかの中に
胎児がいる場合

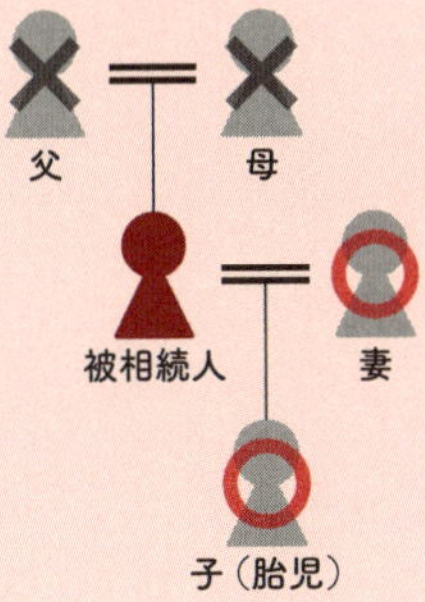

パターン9

愛人とその子がいる場合

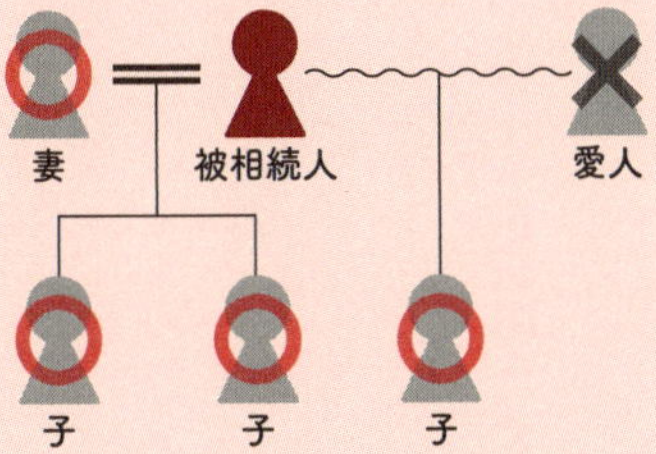

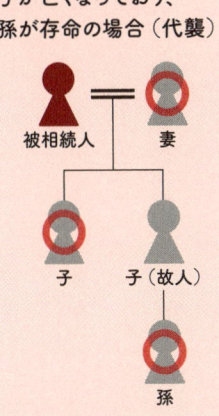

相続関係の調査においては、被相続人の現在の戸籍を1通取っただけでは全く相続人は明らかになりません。

どうしてかというと、戸籍は、本籍地の変動や戸籍の記載事項に関する法務省令の改正があると、従前の戸籍とは別に新たに作成されてしまうからです。このような場合、新たに作成される前の戸籍に記載されていた身分関係の変動については、新たな戸籍に記載されない取り扱いになっているので、最新の戸籍を見ただけでは、その人の子どもや兄弟が何人いるのかがわかりません。少しわかりにくいと思いますが、ここは**相続のためにはたくさんの戸籍を集めなくてはならないのだ**ということだけわかっておいてください。

親より先に子どもが亡くなっていた。孫は相続できるのか～代襲相続

もしも親より先に子どもが亡くなってしまっていた場合、その子は相続人にならず、妻と長女だけで遺産を相続するのでしょうか。残された長男の子どもたち、被相続人からみればかわいい孫たちには遺産は相続されないのでしょうか。

しかし実は、このような場合には、孫が長男に代わって相続人となります。これを代襲相続といいます。

代襲相続は、被相続人の子どもの場合には、その孫、ひ孫と永遠に代襲していきます。

兄弟姉妹の場合には、1代限り代襲します。兄弟姉妹の子ども（被相続人からみて甥姪）までは代襲されますが、甥姪のさらに子どもには代襲されません。

なお、相続人が妻や夫などの配偶者の場合は代襲相続という考え方はありません。配偶者の子どもはたいていの場合被相続人の子どもでもありますし、そうでない場合には、被相続人とは関係ない子どもですから、相続をさせる必要がないのです。

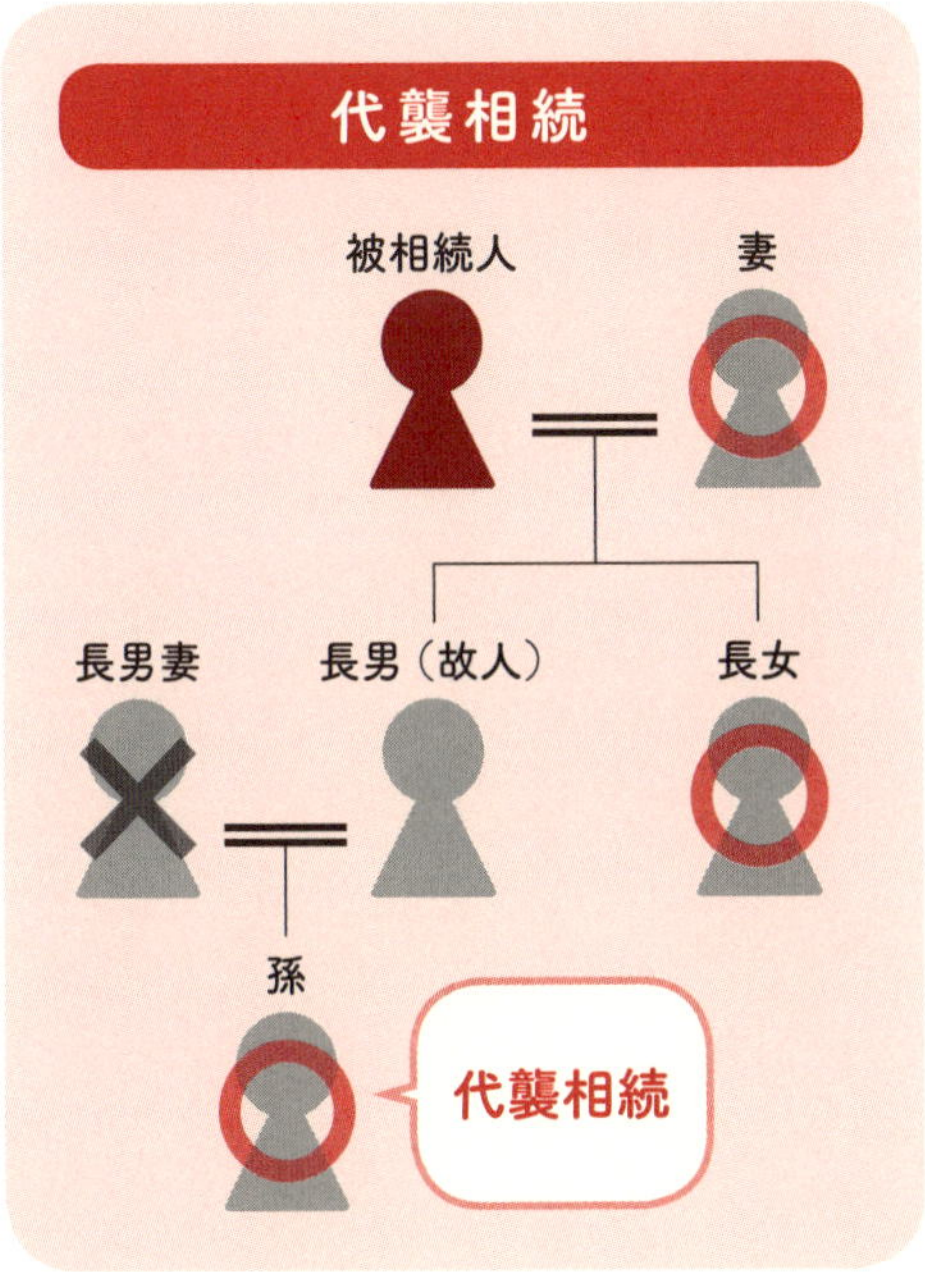

各相続人は、遺産をどれくらいもらえるのか

答えは六法全書の中に

前頁までで、誰が相続人になるのかはわかっていただけたと思います。それでは、各相続人はいったい遺産の中からどの程度の割合で遺産を取得することができるのでしょうか。民法には、遺言がない場合の各相続人の相続分について、詳細な定めが置かれています。それではその基本的な内容を見てみましょう。

①相続人が配偶者と子どもの場合→配偶者2分の1、子ども2分の1
②相続人が配偶者と親の場合→配偶者3分の2、親3分の1
③相続人が配偶者と兄弟の場合→配偶者4分の3、兄弟4分の1
④子ども・親・兄弟が数人いるときは均等に分ける

相続分は2分の1？　3分の1？

相続分については妻が半分でほかの人が残りをもらう、などという話を聞いたことがあ

る方が多くいるのではないでしょうか。しかし、これは大きな間違いです。

確かに妻が2分の1をもらうケースもありますが、正しくは相続人が誰なのか（妻と子なのか、親なのか、兄弟なのか）によって変わってきます。その内容は次頁の図のとおりです。

全血兄弟、半血兄弟

ただし、被相続人の兄弟姉妹が相続人となる場合には、例外的に上記の相続分が異なる場合があります。「半血兄弟」と呼ばれるケースです。

愛人の子どもは相続できるのか

愛人の子であろうとも、子どもは子どもです。被相続人の妻との間の子どもたちと相続分に差はありません。実は、以前は愛人の子ども（非嫡出子と呼ばれます）は妻との間の子ども（嫡出子といいます）に比べて2分の1の相続分しかないとされていたのですが、2013年9月4日に最高裁判所により不合理な差別であるとの判決が出され、現在は法改正が行われて嫡出子も非嫡出子も相続分は平等とされました。

【各相続人の相続分】

パターン1

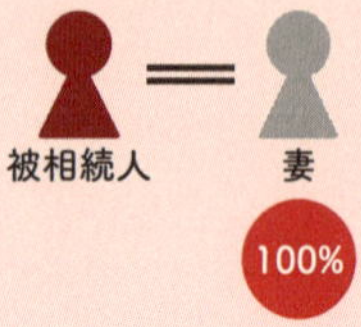

相続人が1人しかいない場合

残された相続人が妻でも子どもでも親でも兄弟でも、100％その相続人が被相続人の遺産を相続することになります。単純ですね。

パターン2

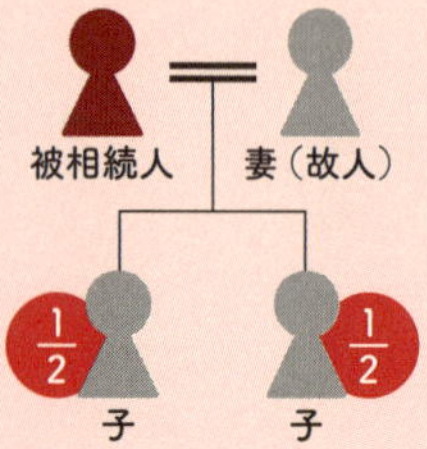

子どものみが相続する場合

この場合は、子ども2人が2分の1ずつを相続することになります。

パターン3

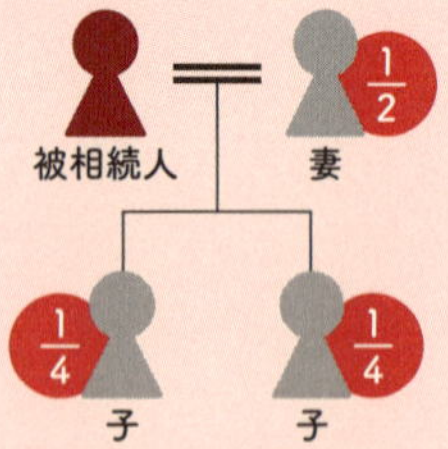

相続人が妻と子どもの場合

この場合は、妻が2分の1、子どもたちは残り2分の1を2人で等分に分けますので4分の1ずつとなります。

パターン4

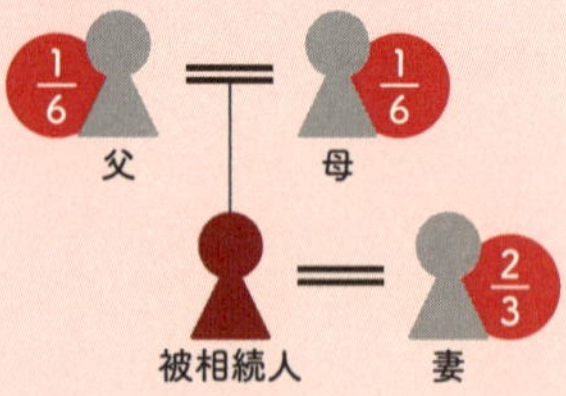

相続人が妻と親の場合

この場合は、妻が3分の2、親が残り3分の1を2人で等分に分けますので、6分の1ずつとなります。

パターン5

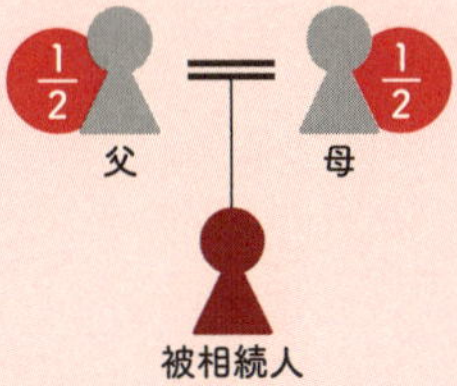

相続人が親だけの場合

この場合は、親が2分の1ずつ相続することになります。

パターン6

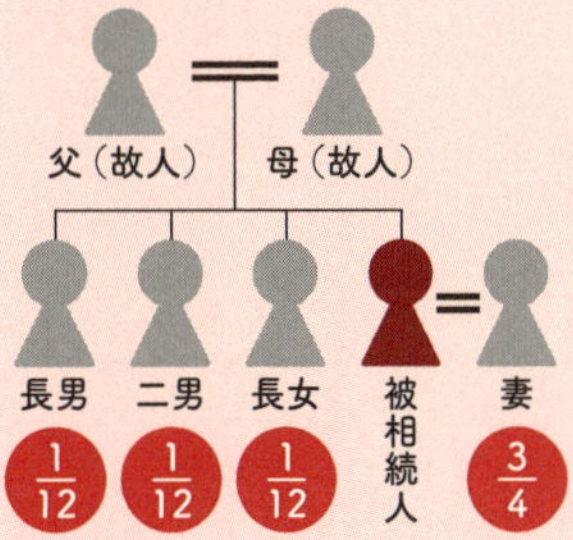

相続人が妻と兄弟姉妹の場合

この場合は、妻が4分の3、兄弟姉妹が残り4分の1を3人で等分に分けますので、12分の1ずつとなります。

パターン7

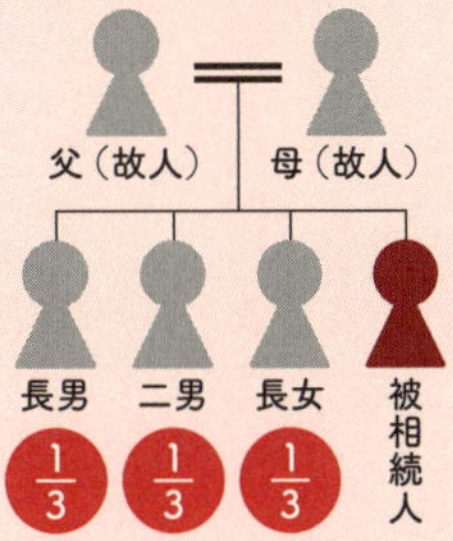

相続人が兄弟姉妹だけの場合

この場合、兄弟3人が3分の1ずつ相続することになります。

パターン8

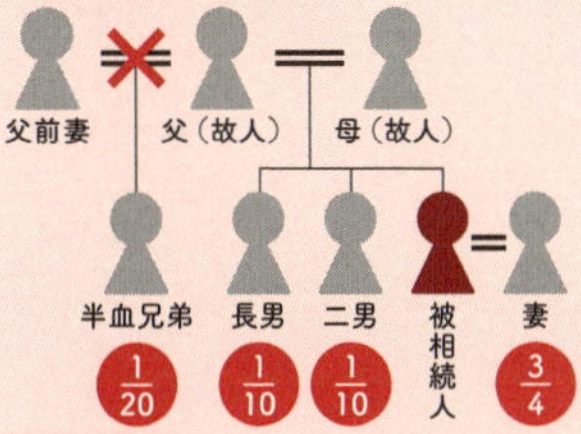

相続人が妻と全血兄弟2人と親の前妻との子である半血兄弟1人の場合

この場合は、妻が4分の3、兄弟で残りを分けますが、全血兄弟に対して半血兄弟の相続分は半分です。

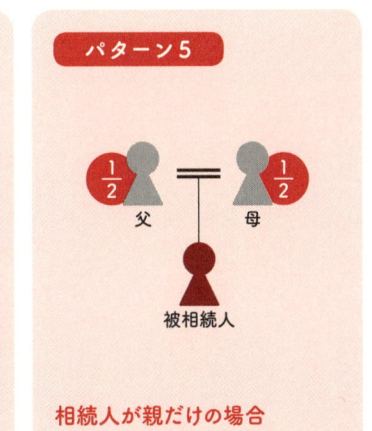

遺産にはどのようなものが含まれるのか

遺産には借金も含まれる！

みなさんは、相続といえば預金や現金、貴金属に不動産といった、財産的価値のあるものの承継を思い浮かべるでしょう。

しかし実は、**相続によって承継するものの中には、マイナスの財産（≒借金）もあります。**住宅ローンの残っている住宅を相続する場合などには、その住宅ローンもそのまま引き継ぐことになります。家は欲しいけれどもローンは相続しません！　といったわがままは通用しないのです。

また、被相続人が他人に対して負っている**損害賠償義務も相続します。**例えば、被相続人が生前にセンターラインをオーバーして対向車との交通事故を起こしてしまっていた場合には、被相続人は被害者に対する損害賠償義務を負い、この義務も遺産に含まれます。

遺産に借金が多い場合、取れる手段は3つ

遺産に借金が多い場合、相続人が取ることのできる選択肢は3つです。

①単純承認　プラスの遺産もマイナスの遺産もそのまま引き継ぎます

②限定承認　遺産の範囲内だけでマイナスの財産を弁済することを条件に相続を承認する方法

③相続放棄　プラスの財産もマイナスの財産も、一切の相続を承継しない

このような場合、相続人にとっては限定承認の手続を取るのが一見一番合理的であるように見えます。しかし、実は実務では限定承認はほとんど使われていません。限定承認をするためには3か月以内に相続人の全員で限定承認の申述をしなければならないですし、財産目録の調整をしなければならないなど手続的な手間も相当かかります。またマイナスの財産を弁済するためにプラス財産を競売しなければならないことになっていることなどから、使い勝手が悪いことが理由です。

したがって、**実質的には、単純承認と相続放棄の2つだけ**だと思ってください。

期限はたった3か月しかない

先ほどの3つの選択肢のうちいずれかを選ぶためには、被相続人の財産を早期にできるだけ正確に把握することが重要です。借金の方が多ければ相続放棄をする方に傾くでしょ

うし、借金が思いのほか少なければ単純承認をすればいいからです。

普通の人であれば、もしかしたら被相続人にたくさんの借金があるのではないかと疑う状況では、時間をかけて被相続人の借金と財産の調査をしたいと考えるでしょう。しかし、上記の相続放棄をするか、単純承認をするかということを判断するまでの時間は、原則として3か月間しかありません。この期間を**1回だけ延長する手続は用意されています**が、それでも6か月以内にはどちらにするのかを決めなくてはならないことになっています。

この**期間を過ぎてしまうと、原則として単純承認したものとされ**、被相続人の借金を支払わなくてはならなくなってしまう可能性も十分あります。

もし遺産に手を付けてしまったら〜法定単純承認

相続人は相続を承認するか放棄するかを決める前に、被相続人の財産の一部でも自分自身のために使い込んではいけません。なぜなら、このような場合には、法定単純承認とよばれ、単純承認をしたものと扱われることになっているからです。

法定単純承認となってしまう事由は次の3つです。

①相続人が遺産の一部または全部を処分したとき
②相続人が3か月または6か月の期間内に限定承認または相続の放棄をしなかったとき

③相続人が限定承認や相続の放棄をした後に、財産の隠匿や財産目録に故意に財産を記載しないなどの行為を行った場合

例えば、被相続人と同居していた親族が、被相続人の預金通帳から預金を引き出してしまい、自分の債務の返済にあてたり、洋服や車など私的な物品の購入にあてたりした場合には、相続人の遺産の一部の処分として、法定単純承認とされてしまいます。

一方で、被相続人が生前に入院していた病院の入院費を支払ったり、交換価値がないかあってもごく僅少なものを形見分けしたり、身の回りの品を処分したりすることはここでいう「処分」にはあたりません。

法定単純承認は、相続人にとって過酷な結果をもたらすこともありますから、実質的に単純承認の結果を負わせるのにふさわしい程度に遺産を減らしていない場合には法定単純承認とは認めないことになっています。

しかし、何にせよ、たった3か月から6か月の間だけの話ですので、承認をするか放棄をするかを決定しないうちにはできるだけ遺産に手を付けない方が安全です。

あまりにも不公平な遺言が作成されていた場合～遺留分侵害額請求

遺言があれば相続問題はすべて解決…ではない！

この章の初めで、私は相続が始まったらまずは遺言がどこかに保管されていないかを捜索してほしいと書きました。遺言があれば、原則として遺言の記載どおりに遺産を分割すれば足りるからです。しかし、遺言があるが故の争いもあります。それが、「遺留分」をめぐる争いです。

遺留分とは何か

遺留分とは、簡単に言えば、遺言があったとしても、相続人がある程度の遺産を受け取ることを保証するための制度です。**遺留分は、遺族の生活保障などのために認められている制度**なのです。

気になる遺留分の割合は、直系尊属（両親、祖父母）のみが相続人である場合には遺産の3分の1、それ以外の場合には2分の1です。この3分の1とか2分の1の割合を、法

遺留分の具体例

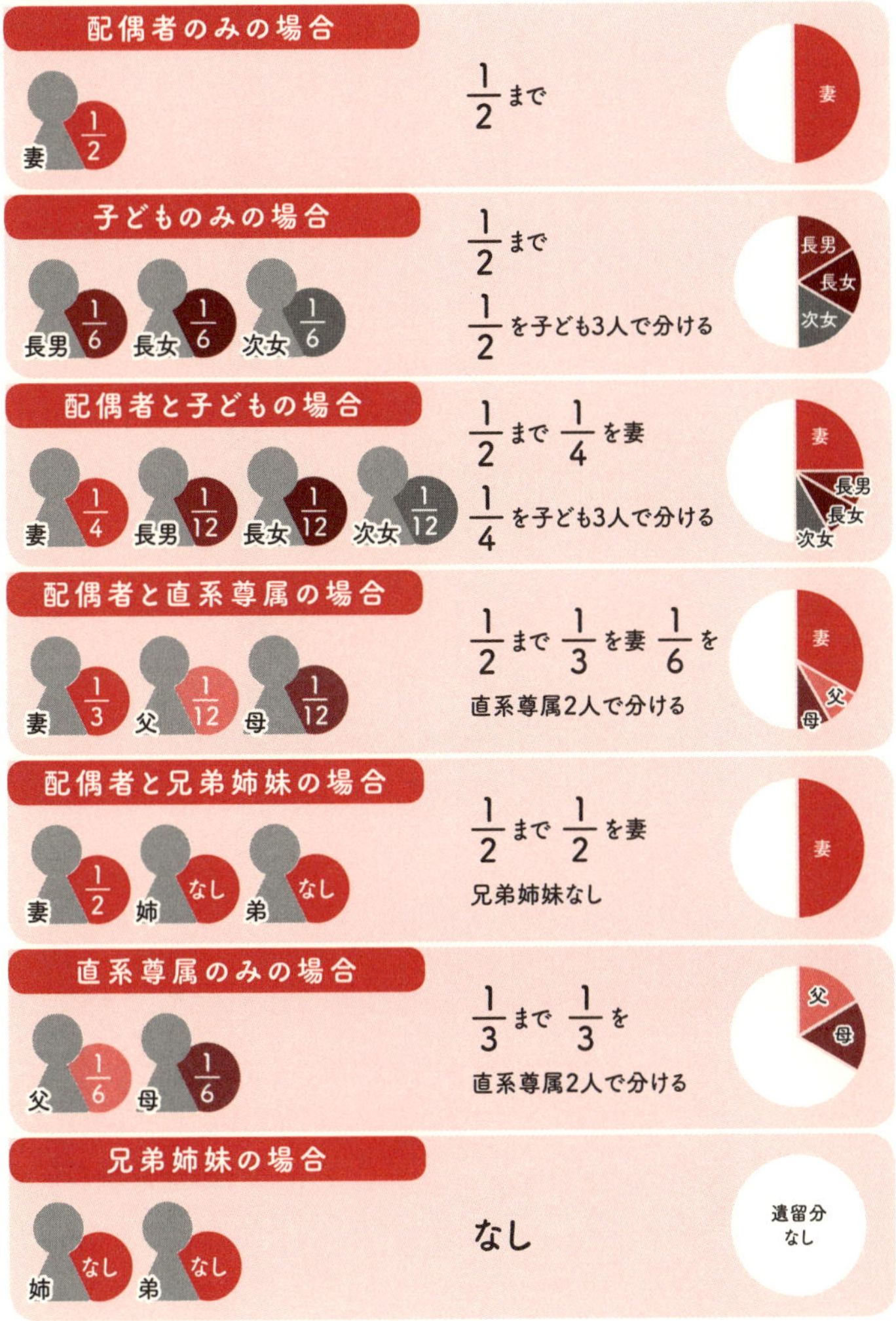
配偶者のみの場合
妻 1/2
1/2まで
妻
子どものみの場合
長男 1/6
長女 1/6
次女 1/6
1/2まで
1/2を子ども3人で分ける
長男
長女
次女
配偶者と子どもの場合
妻 1/4
長男 1/12
長女 1/12
次女 1/12
1/2まで 1/4を妻
1/4を子ども3人で分ける
妻
長男
長女
次女
配偶者と直系尊属の場合
妻 1/3
父 1/12
母 1/12
1/2まで 1/3を妻 1/6を
直系尊属2人で分ける
妻
父
母
配偶者と兄弟姉妹の場合
妻 1/2
姉 なし
弟 なし
1/2まで 1/2を妻
兄弟姉妹なし
妻
直系尊属のみの場合
父 1/6
母 1/6
1/3まで 1/3を
直系尊属2人で分ける
父
母
兄弟姉妹の場合
姉 なし
弟 なし
なし
遺留分なし

定相続分に従って分割して算出した割合が、個別的遺留分と呼ばれます。
ただし、兄弟姉妹には遺留分は認められません。

遺留分の計算の基となる遺産の価額はどのように決まるか

遺留分の計算の基礎となる遺産の価額は、基本的には相続発生時（＝死亡時）に被相続人の有していた遺産の価額となります。しかし、相続開始前の1年間にされた贈与、相続開始前10年以内にされた特別受益にあたる贈与、または当事者双方が遺留分権利者に損害を与えることを知ってされた贈与については相続発生時の遺産額に加算します。

遺留分の放棄はできるのか

昔、日本では一族の財産を細切れにしないために、長男に一族の財産をすべて相続させるということが多く行われ

遺留分算定の基礎となる金額

＝

死亡時の遺産 ＋ 相続開始1年以内などの贈与 － 相続債務の全額

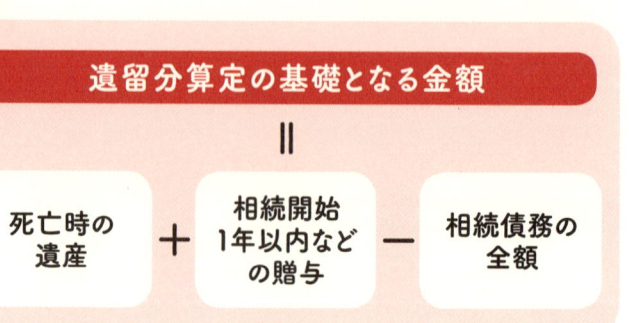

ていました。その後、現在の民法ができてからも、そのようなニーズは相変わらず多くあり、「遺留分」が邪魔だと考える人は一定数いました。

そこで、被相続人の存命中に長男以外の兄弟姉妹に対して、遺留分の放棄をさせてしまったうえで、遺言によって長男にすべての財産を譲るというようなことが行われていました。このように、被相続人の生存中に遺留分の放棄をしてしまうことは可能なのでしょうか。

答えから言うと、**遺留分は被相続人の生前の放棄が原則としてできません。**被相続人が生きているうちに、遺留分を放棄すると約束させられていたとしても、そういった約束は法的には無効です。なぜならば、生前に家族親族の強いプレッシャーによって、やむを得ずに遺留分の放棄を行ってしまうものが多数出ることは確実であり、それでは相続人の一定の生活保障を行うという遺留分の趣旨を没却してしまうからです。

「原則」と書いたのは、例外的に、相応の対価を支払って、家庭裁判所の許可を得れば、生前の遺留分の放棄が認められるからです。ただし、これも実務的にはほとんど使われていないのが実情です。

最新の法改正、「遺留分侵害額請求権」

遺留分を侵害する遺言があった場合、侵害されたものはどのような請求が可能でしょうか。これは遺留分侵害額請求という金銭請求をすることが可能です。

実は、この遺留分侵害額請求権というのは、２０１８年の相続法の大改正の際に導入された権利です。改正前は、みなさんも聞いたことがあるかもしれません、「遺留分減殺請求」という請求をすることが可能でした。

この２つの権利がどのように違うかということは、かなり専門的な話になってしまいますが、ざっくり言うとこうなります。

①改正前の「遺留分減殺請求権」→ものを直接取り戻す効果。例えば土地の共有持ち分権を返してもらえる。

②改正後の「遺留分侵害額請求権」→遺留分を侵害された部分に相当する**金銭を請求できる権利**

実はこの改正、２０１９年の7月31日から施行されますが、相続実務に大きな影響を与えることが確実視されています。特に、**事業承継の場面では与える影響が大きい**のではないでしょうか。

遺留分を侵害した遺言は無効になる？

さて、改正後の法律に基づいて、「遺留分侵害額請求」の話に戻りましょう。

もし、被相続人の残した遺言の中に書かれている文言が、特定の相続人に全財産を相続させる旨の内容だったらどうでしょうか。残された相続人たちとしては、そんな遺言は無効だ！　と言いたいところです。しかし、遺留分を侵害する遺言は無効ではありません。そのような遺言も有効です。

もしも、ご自身の遺留分を侵害する部分について、遺留分を侵害している相続人に対して請求したいと考える場合には、**こちらから積極的に遺留分侵害額請求をしていかなければ、遺留分侵害額を受け取ることはできません。**

遺留分侵害額請求はいつまでにすればよいか

遺言の内容によって遺留分が侵害されている相続人は、あまり悠長に構えていることはできません。なぜならば、遺留分侵害額請求の時効は、遺留分を侵害されている相続人が、相続開始の事実と遺留分の侵害があったことを両方とも知ったときから**1年間しかない**からです。

この、1年間という期間は思いのほか短いものです。ただし、この遺留分侵害額請求権は、1年以内に行使してしまえば、すぐに時効によって消滅することはなくなります（債権一般の消滅時効にかかることはあります）。

そのため、ご自身の遺留分が侵害されているのではないかとの疑いがある場合は、今はできるだけ早く法律家に相談して遺留分減殺請求の行使だけでもしておくべきでしょう。

事例 実際に遺留分が侵害された場合に、いったい誰にどれくらいお金を支払ってもらえるのか

経営者であった被相続人が、事業を手伝ってくれていた長男に会社の土地建物（評価額1億5000万円）を、長女に1000万円を相続させる旨の遺言をして死亡した（妻はすでに死亡）。遺言の内容に不満な長女が長男に対し、遺留分侵害額請求をした。

この場合には、被相続人の遺産の額は1億6000万円であり、その4分の1である4000万円が長女の遺留分となります。しかし、長女は1000万円の預金しか相続していませんから、遺留分が遺言によって3000万円侵害されています。したがって、長女は長男に対して3000万円を支払え、という遺留分侵害額請求権を行使することができ

事例

経営者であった被相続人が、事業を手伝ってくれていた長男に会社の土地建物（評価額1億5000万円）を、長女に1000万円を相続させる旨の遺言をして死亡した（妻はすでに死亡）。遺言の内容に不満な長女が長男に対し、遺留分侵害額請求をした。

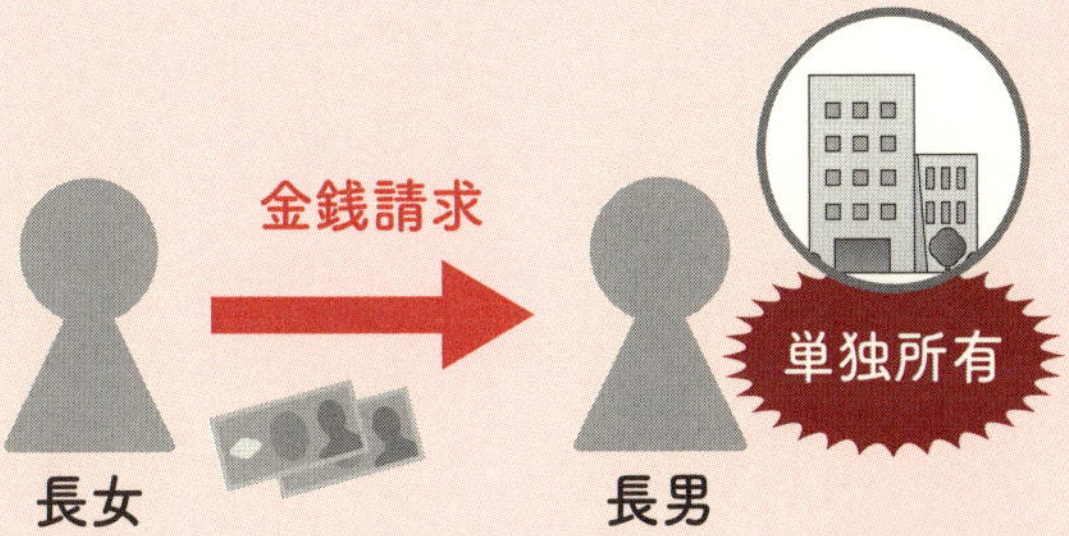

遺留分＝遺留分を算定するための財産の価額（※1）×1/2（※2）×遺留分権利者の法定相続分

（※1）遺留分を算定するための財産の価額＝相続時における被相続人の積極財産の額＋相続人に対する生前贈与の額（原則10年以内）＋第三者に対する生前贈与の額（原則1年以内）－被相続人の債務の額
（※2）直系尊属のみが相続人である場合は1/3

ます。

なお、もし改正前の「遺留分減殺請求権」を行使した場合には、長女は長男所有の土地建物の5分の1の共有持ち分権を取得することになります。

なお、遺留分侵害額請求権は、遺留分を侵害されている相続人（遺留分権利者）が複数いる場合、個々の遺留分権利者が行使することができます。遺留分の行使を遺留分権利者全員で共同行使するというようなことはありませんので、個々の遺留分権利者が自由に個別に行使すればよいことになっています。

あまりにも親不孝を重ねてきた子どもに相続させないことはできるのか

相続人に大きな問題がある場合、その相続人は相続権を奪われる

これまで見てきたように、相続人には法定相続分や遺留分があり、少なくとも一定の遺産を相続する権利を保証されているように見えます。しかし、あまりにも被相続人に対しての侮辱的行為や著しい非行行為があった場合や、被相続人を殺したり、遺言や財産を隠匿したりした者などは、**「相続廃除」や「相続欠格」によって相続権を奪われることになります。**

「相続欠格」は被相続人を殺したり、詐欺または脅迫行為によって遺言書を書かせたりした者、遺言書を隠したり、偽造や変造をしようとしたりしたものが該当します。このような行為をした者は、法律上当然に相続人ではないものと扱われることになります

一方で「相続廃除」は、被相続人に対して重大な侮辱や虐待をした場合や、著しい非行があった場合に、被相続人の申し立てによって相続人の資格を失わせることができる手続です。また、廃除の手続は生前だけでなく、遺言によってすることもできます。被相続人

が亡くなった後に、親族の前で被相続人の遺言を発表する際、子のうち誰々を廃除する、ということをすることもできるのです。

廃除の方法としては、生前に家庭裁判所に調停または審判を申し立てることで行われ、調停が成立するか、家庭裁判所の審判がなされることによって廃除の効果が発生します。または、遺言で廃除がされた場合は、遺言発表後に家庭裁判所に廃除を申し立てます。

なお、廃除や相続欠格は、特定の相続人の行為に着目して相続権を奪うものですから、廃除された相続人に子がいる場合には、代襲相続によってその子が相続をすることになります。

廃除されたケースはどんなものがあるか

ただし、廃除は被相続人が廃除の申し立てをしたからといって簡単に認められるようなものではなく、被相続人との相続関係を断ち切ることもやむなしと客観的に思われるような重大な事由が認められなくてはなりません。実際認められるか否かは、相続人と被相続人の長年にわたる関係のあらゆる事情が考慮されますので、ケースバイケースの難しい判断になります。

どんな場合に廃除の申し立てが認容されてきたのか

実際に廃除について判断された事例としては、次のようなものがあります。

事例1

養子が、養親が病気で入院していることを知りながら、全く看病したり面倒を見たりすることがなく、養親から養子に対して離縁訴訟を提起していた。その後も養子は養親の体調などを慮ることなく離縁訴訟の取り下げを執拗に迫ったことなどから、廃除を認めた事例

事例2

息子が自己の郵便局長としての地位を利用して、父の貯金３５００万円以上を無断で払い戻して取得、さらに父に対して継続的に暴行を加え、廃除の審判においては父に精神障害または人格異常があると主張し続けたことから、廃除の申し立てを認容

事例3

妻が末期がんを宣告されて病気療養中であるにもかかわらず、療養に極めて不適切な環境での生活を妻に強いたとして、廃除を認めた事例

事例4

夫が妻の下を去って愛人と生活し、不貞行為を継続した場合、婚姻費用やその余の財産を供与していたとしても、精神的には明らかに妻を遺棄しているとして、廃除を認めた事例

事例5

有名資産家の娘が、両親の反対を押し切って暴力団員のような男性と同棲し、その男性が勤務先の金銭を横領して行方をくらませた際に、両親の悲嘆、心労を全く考慮することなく、同人とともに逃避行を続けて音信不通のままとなった場合に廃除を認めた事例

事例6

長男の飲酒暴言や物品持ち出しを伴う一方的別居があったものの、父と母は長男の別居によって経済的に困ったこともなく、父と母としても長男が20年以上両親と同居して農業経営に従事してきたことを考慮すると、相続人を廃除するまでもないとして、廃除を認めなかった事例

いったん廃除されたものを許してやる方法はないのか

廃除は被相続人の意思に基づいて特定の相続人の相続権を失わせるものです。したがって、被相続人が、廃除した相続人を許してあげるのだとしたら、それも被相続人の意思を尊重して、廃除を取り消してあげるべきでしょう。そのため、廃除はいつでも取り消すことができるとされています。なお、**生前に廃除が確定していた相続人に対して、遺言によって排除を取り消すこともできます**。

一方、相続欠格は廃除のように取消規定がありません。相続欠格にあたる事実は、いずれも相続制度の基盤を破壊するほどの重大な不正や非行です。そのため、諸説あるところですが、**一度相続欠格になってしまえばもう二度と相続権は回復されないと思っておいた方がいいでしょう。**

相続人が誰もいない場合にはどうなるのか

事例

被相続人には子どもはおらず、妻は10年前に、両親は15年前に、それぞれ被相続人よりも先に亡くなっていました。また被相続人には兄弟もいませんでした。被相続人にはこのように、相続人となるべき人が1人もいない状態でしたが、長い間妻の親族と家族ぐるみで仲良く付き合っていたので、8年ほど前から同じく妻を先に亡くしていた妻の弟と同居して助け合って暮らすようになりました。被相続人が体を悪くしてからは、妻の弟が献身的に被相続人の介護にあたり、被相続人の最後を看取りました。被相続人は遺言を残していませんでしたが、このように被相続人と密接な関係を持っていた妻の弟には被相続人から何も残してあげることはできないのでしょうか。

国家がすべてをもっていく？

もし、被相続人に相続人がいないときには、利害関係人や検察官の請求によって、「相続財産管理人」という人が選任されます。この相続財産管理人が、被相続人の財産と負債の調査を行います。相続財産管理人は、最終的には被相続人の財産で負債を完済した後に、余ったものを国庫に返納するのが仕事です。

そう、何と相続人がいない場合には被相続人の財産は国に返されてしまうのです。

特別縁故者への財産分与

上記のように、相続人がいない場合には被相続人の財産は国庫に帰属しますが、**例外的に、被相続人と生計を一緒にしていたり、被相続人の**

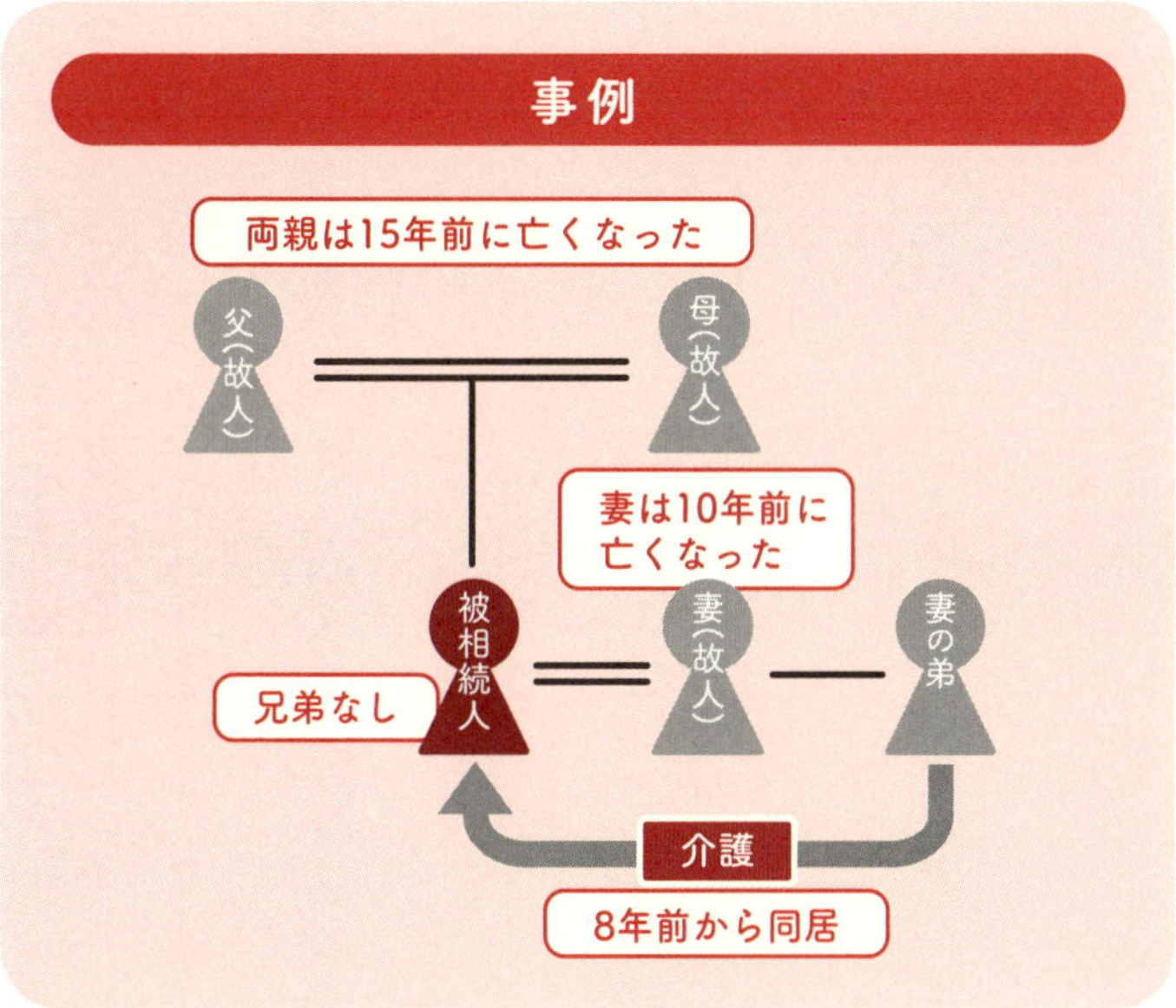

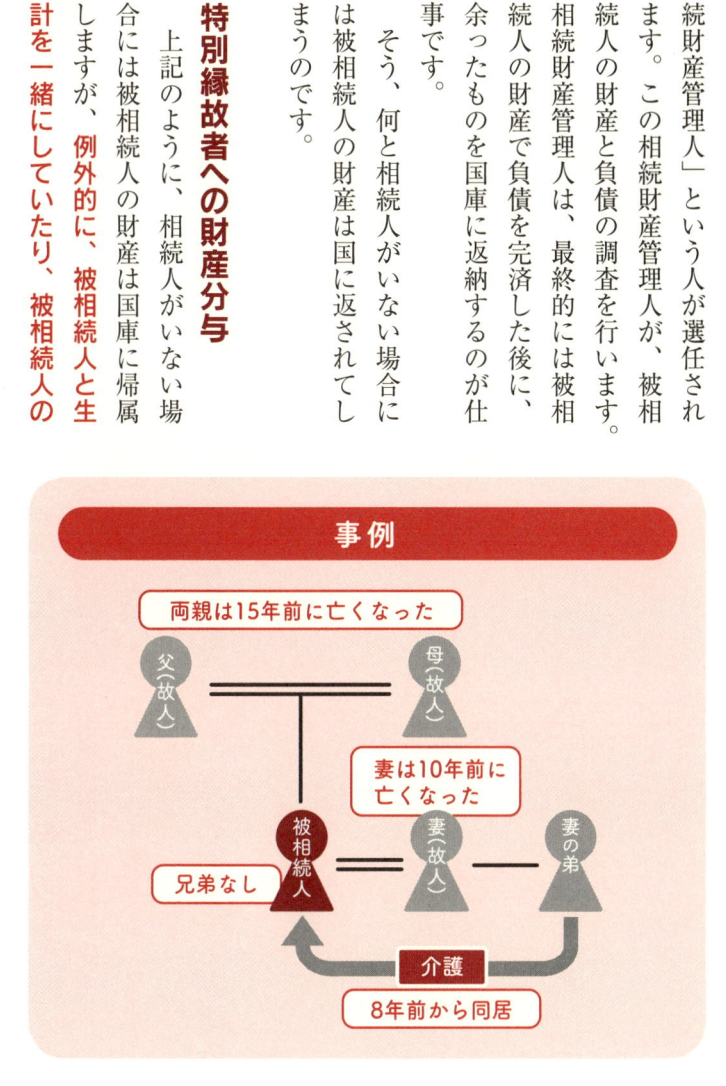

療養看護に努めていたりしたものなどがある場合には、裁判所は被相続人の財産の全部または一部を与えることができます。これを、「特別縁故者への財産分与」といいます。

上記の事例のような場合には、被相続人と妻の弟は同居していてある程度生計が一緒になっていた可能性もありますし、何より被相続人の晩年の介護をしていたということですから、そのような場合には、少なくとも被相続人の財産の一部については分与が認められると思われます。

第5章

遺言の作成方法や注意点

遺言とはいったい何か

みなさんは遺言と聞いてどのようなものを想像するでしょうか。「いよいよこの日が来ました。妻や息子たちのおかげで一生涯を楽しく過ごすことができました。私が亡くなった後は家族みんなで助け合って暮らしていくように。長男はお母さんの面倒をしっかりと見てください。私の財産は話し合って仲良く分けなさい。」このような遺言は、一見よい遺言に見えますが実は法律上は全く何の意味もない遺言です。**法律上の遺言とは、遺言者が死んだ後に様々な法律効果が発生する、故人の最後の意思を示す法律行為なのです。**あなたの財産は、あなたが死ぬまではあなた自身がどうするか自由に決めることができます。遺言によってあなたが死んだ後もあなたの財産をどうするのか、あなた自身が自己決定することができる、そのための制度です。

ただ、あなたが死んだ後に効力が発生するものですから、本当にあなた自身が意図したものなのか、残された人たちが明確に判断できるものでなくてはなりません。そのため法律は遺言については法律に定めた要件に従ったもののみがその効力を有すると定めています。多少面倒なことが多いのですが、残された人たちが本当にあなたの最後の意思かどうか迷うことのないように、法の定めに従って作成するようにしましょう。

遺言が最も重要

みなさんの中には、相続の際に誰がどれくらいの財産を相続するかということについて、法定相続分や遺留分というものが最も大切なルールであるかのように思われている人も多いと思います。しかし、相続において誰にどれぐらい財産を残すかということについて、わが国では、被相続人の意思が最も重要視されます。遺言は、非相続人が自分が残した財産をどのように分配するかについて、自分の最後の意思表示をしたものです。日本では、その最後の意思表示は、最も重要なものとしてできる限り尊重されることになっています。つまり、遺言に記載された内容が、被相続人の財産をどのように分けるかの、最も重要な指標になるのです。

具体的には、**法定相続分のルールに反していたとしても、遺言に書かれている内容は、原則として有効なものとして扱われます。**また、遺言に書かれている文言が、多少不明確なものがあったとしても、遺言全体を無効とすることはなく、明確な部分についてだけはできる限り有効にしようとします。

それでも遺留分を侵害する遺言があった場合には、その部分は遺留分侵害額請求の対象となります。しかし、その場合でも、**遺留分侵害額請求がされなければ、遺言のとおりに遺産分割がなされることになります。**もっと言うと、遺留分侵害額請求がされたとしても、遺留分を侵害されたとする金額さえ支払えば、遺言のとおりの遺産分割を実現することができるのです。

遺言が発見された場合の手続き

被相続人が亡くなった後、遺言が発見された場合、どのような手続をすればよいのでしょうか。

まず、**遺言は家庭裁判所での検認の手続を行わなくてはなりません。**遺言は、その内容が非常に重要なものであることから、相続人やその利害関係者らによる偽造・変造・滅失などの危険が常につきまとっています。そこで、遺言書の現状を裁判所でしっかりと確認して記録するために検認という制度が設けられています。この検認という手続は、公正証書遺言以外の場合、または後に述べる法務局に保管されたもの以外の自筆証書遺言については、すべての場合で必要となります。この検認を受けていないと、不動産の所有権移転登記などの手続をすることができません。

検認の申し立てがされると、裁判所が、相続人の全員に対して検認手続が行われることを連絡します。しかし検認の手続では遺言の有効・無効を判断することはありません。検認は、遺言の存在及びその内容を知らせるとともに、遺言書の形状、加除訂正の状態、日付、署名などの検認の日現在における遺言書の内容を明確にして遺言書の偽造変造を防止するための手続です。ですから、遺言の状態を確認しなくても構わないと思う相続人については、検認の期日に出席する必要はありません。他の相続人から見れば、必ず相続人全員が揃わなければ検認の手続ができないわけではありません。

また、**遺言に封印がされていた場合、これを勝手に開けることはしてはいけません。**もし検認の前に封印を勝手に開けた場合、5万円以下の科料などの制裁を科される恐れがあります。遺言を見つけた場合に、はやる気持ちに負けて、封印を勝手に開けないように注意しましょう。

ここまでのまとめ

- 日本では遺言が最も重要であるということと検認を受けなければならないということ
- 検認は相続人全員に通知されるが、必ずしも立ち会う必要はないということ

遺言の種類にはどんなものがあるのか

遺言には3つの種類がある

みなさんは、もしかすると遺言というと、被相続人の死後に、被相続人の机の中から手書きの遺言書が見つかることを想像するかもしれません。そういった遺言があることも確かです。これを自筆証書遺言と言います。しかし遺言の種類はこの1種類ではありません。

普通方式の遺言と呼ばれるものが、自筆証書遺言を含み、全部で3種類あります。**自筆証書遺言、公正証書遺言、秘密証書遺言です。**ただし、この中で秘密証書遺言については実務ではほとんど使われていません。ですから、自筆証書遺言と公正証書遺言についてのみ理解しておけばよいでしょう。

また特別方式と呼ばれる遺言もあります。この特別方式の遺言は、普通方式の遺言では間に合わないような特殊な場合に使われます。例えば伝染病隔離者の遺言や船舶で遭難にあった場合の遺言などです。これでわかったかと思いますが、特別方式の遺言は実務においてほぼ使う場面はありませんので、ここでは普通方式の遺言に限って話を進めたいと思います。

自筆証書遺言とは

自筆証書遺言は、**直筆で遺言の全文、日付、氏名を書き、遺言者自身が押印をすることによって作成されます。**遺言者以外の人が少しでも書いたり、ワープロで内容を作成してしまうと一部の例外を除いて無効となります。この方法の**メリットは、とにかく手軽にすぐ費用をかけずに作成することができる**ことです。また、自分１人で作成することができますから、遺言の内容を誰にも知られることなく作成することが可能です。

しかし一方で、**偽造・変造される危険が常に付きまとっています。全文を自書しなくてはなりませんから、非常に負担が大きいのもデメリットの１つ**です。さらに、自筆証書遺言は、遺族に発見してもらえないまたは紛失してしまうという危険があります。また、恐ろしいのは、日付や署名押印の方法を間違ってしまうと、遺言のすべてが無効となる危険があります。これまでに自筆証書遺言がその有効性を争われ、無効とされた例がいくつもあります。

なお、このたび改正された相続法では、自筆証書遺言のうち、遺産目録の部分については、ワープロやパソコンで作成することが認められました。また、自筆証書遺言を法務局で保管する法律ができ、被相続人の死後に、法務局に自筆証書遺言が保管されていないかどうか、相続人が検索することができるようになりました。これらの改正により、自筆証書遺言の作成が多少は簡単になったと言えますが、それでも上に述べたような危険は今でもあります。

公正証書遺言とは

公正証書遺言とは被相続人が公証人の面前で遺言の内容を伝え、それに基づいて公証人が作成する遺言です。 公証人は裁判官や、検察官のＯＢが多くなっており、作成する際に方式について公証人がチェックしますので、自筆証書遺言の場合のように、方式の不備によって無効となる可能性はほとんどなくなります。また、作成する際には、２人の証人が立ち会うことが必要になります。公正証書遺言が作成されると、その原本が公証役場で長期間保管されます。公正証書遺言は、被相続人が死亡した後に、相続人が公証役場に行けば、遺言検索システムを使って遺言の有無を検索することができます。また、公正証書遺言は、その作成時に公証人による遺言の状態のチェックが行われていますから、検認の手続は必要ありません。一方で、公正証書の作成に費用がかかること、また思い立ったとしてもその日のうちに作ることなどはできないことがデメリットです。

ただ、デメリットを考慮したとしても、遺言書を作成するにあたっては、一番お勧めできる方法ですから、**できる限り公正証書の方式で遺言を作成するようにしましょう。**

秘密証書遺言とは

一度言及してしまったからには、秘密証書遺言がどのようなものなのか気になっている方もいらっしゃると思います。そのため秘密証書遺言についても簡単に説明を加えておきます。

秘密証書遺言は、遺言の内容を秘密にしたままその遺言が存在することだけを証明してもらう遺言のことです。その際には２人以上の証人が必要ですが公証人も証人も遺言の内容を確認することはありません。公証人手数料は、公正証書遺言よりも安価にできます。

しかし、この方式の遺言は実務ではほとんど使われていません。なぜならば、この方式の遺言は公証役場で遺言自体を保管してもらえませんので、自筆証書遺言と同じように紛失、滅失の危険が大きいからです。多少費用が安価にできるとしても、もう少し公証手数料などのお金を支払いさえすれば公正証書遺言を作成することができるのですから、そちらを選ぶ人が多いのかもしれません。

自筆証書遺言の作成方法

自筆証書遺言は形式が重要である

自筆証書遺言は、原則として遺言者が①遺言書の全文②日付③氏名のすべてを自分で書いた上で、④押印して作成する方式の遺言です。遺言はこの要件に従っていれば有効です。例えば封筒に入れて封をするのはこの要件にありませんので、封をしなくても有効な遺言になります。またどのような紙に書くかについても指定がありませんので、例えば右記の要件を満たしてさえいれば、手帳に書いた遺言も有効ですし、チラシの裏に書いた遺言であっても有効な遺言となります。一方で、右記の方式を満たしていなければ遺言全体が無効となることもあります。特に署名押印は、十分に注意しなくてはなりません。

順にこれら要件について説明します。

①まず全文を自分で書かなければならないというのが自書の意味です。パソコンやタイプライター、磁気を用いて作成したものは自書にあたらないと言われています。ただしこの

自書は、外国語によるものであっても大丈夫です。なお、自筆証書遺言の中で、財産目録についてのみは、パソコンやタイプライターによる作成が改正相続法で認められました。

②次に日付について説明します。日付なんていつ書いたものでもいいじゃないかと思われるかもしれません。しかし遺言において日付の記載は実はとても重要です。**遺言は日付の新しいものが有効な遺言になります。**新しい日付の遺言と古い日付の遺言が2つとも見つかった場合には新しい日付の遺言が有効な遺言とされることになります。そのため遺言を書いた日付が特定できるように日付の記載が要求されているのです。日付が曖昧な遺言があると、どの遺言が最新の遺言なのかを判断することが困難になります。これまでの判例では、1月吉日などと記載したものについては遺言が無効とされた例があります。明確に日付を書き込むようにしましょう。

なお、遺言書に日付以外のすべての文言を記入した上で、後日日付を記入した場合は、日付を記入した日が遺言の作成になります。これは遺言が、すべての要件を備えないと効力が発生しないとされているからです。もし、このような方法をとる場合には、後日日付を記入する際には、実際に日付を記入した日を書き込むようにしましょう。なぜならば、**記載された日付が真実の作成日付と違っている場合には一定の例外を除き基本的にはその**

遺言は無効になるからです。

③署名について説明します。もしあなたが戸籍上の氏名のみを名前として使っている場合には署名は戸籍上の氏名を書けばよいのですから何らの問題も起こりません。しかし通称名や雅号、ペンネームなどを用いている人は遺言にそちらの名前を記載することもあるかもしれません。これまで見てきたように、遺言が厳しく要件を充足することを要求していることからすれば、このような通称名などは遺言の要件を満たさないと思うかもしれません。しかし、遺言に署名が要求される趣旨は、間違いなく本人が書いたことを確認するためですから、書いた本人を特定することができるのであれば、通称名や雅号、ペンネームなどでもよいことになっています。ただし、本人は自分であることがわかると思って書いた通称名が、本人の死亡後に本人のことを指すのかどうか争いになる場合など、問題が発生することが考えられますから、**できる限り戸籍上の氏名で署名をすべきです。**

④最後に押印について説明します。**押印は実印であることは要求されていません。**ですから認印でも三文判でも遺言者の印鑑であれば何でも構いません。そしてもし、あなた以外の第三者が押印をしたとしても、その押印自体が、遺言者に頼まれて押しただけであると

か、遺言者本人の意思に基づいてなされるのであればそれは問題がないとされています。ただしこれも、後から問題になることがないように、遺言者本人が押印すべきです。なお押印の場所は遺言の本文が書かれた用紙の上にされていればどこでも大丈夫です。そして遺言書が複数枚にわたる場合でも１つの遺言書として作成されているときにはその１枚に押印されていればそれで足ります。

なお指印・花押で押印の要件を満たすでしょうか。まず指印については、それで押印の要件を満たすものとされています。一方で花押については、最高裁判所はこれは印章による押印とは同視することができないとして、押印の要件を満たさず遺言は無効になると判断しています。

自筆証書遺言には、例外的にパソコンで作成できる部分がある

もし遺言者が遺言を書こうとしたとき、多くの場合はまず遺産目録を作成することになります。そしてこの遺産目録は、不動産や預貯金、債券、株式、その他の財産を特定する文言を書くだけで膨大な量になります。また、遺言は加除訂正をする場合でも、厳格な方式に従わなければその加除訂正は有効になりません。実際、相続法が改正されるまでは、この作業をすべて自書で行わなくては自筆証書遺言は作成できないことになっていました。

自筆証書遺言は、気軽に作成できる遺言であることがよいことなのですが、これでは自分の財産を記入するだけで、気が遠くなるような労力を投入しなければならなくなってしまいます。

そこで、このような労力を軽減するために、**今回の相続法改正で、自筆証書遺言に遺産の目録を添付する場合にはその目録についてはワープロやパソコンで作成できるようになりました。**また、パソコンやワープロで遺産目録を作成することができるだけでなく、不動産の登記事項証明書や預金通帳の写しなどを添付してこれを遺産目録として使用する方法もできます。パソコンやワープロで遺産目録を作成した場合には、その目録のページごとにすべて署名し押印をしなければなりません。また両面印刷で作成した場合には、表面にも裏面にも署名押印しなければなりません。この改正により、遺産目録の作成は、大幅に作成の手間が省けるようになるのではないでしょうか。

自筆証書遺言の法務局での保管制度

また、今回の相続法改正では、自筆証書遺言のデメリットである紛失や改ざんの恐れに対して大きな効力を発揮する制度が創出されました。それが「自筆証書遺言保管制度」です。この制度は、自筆証書遺言を作成した遺言者が自身の住所地や本籍地などの法務局に

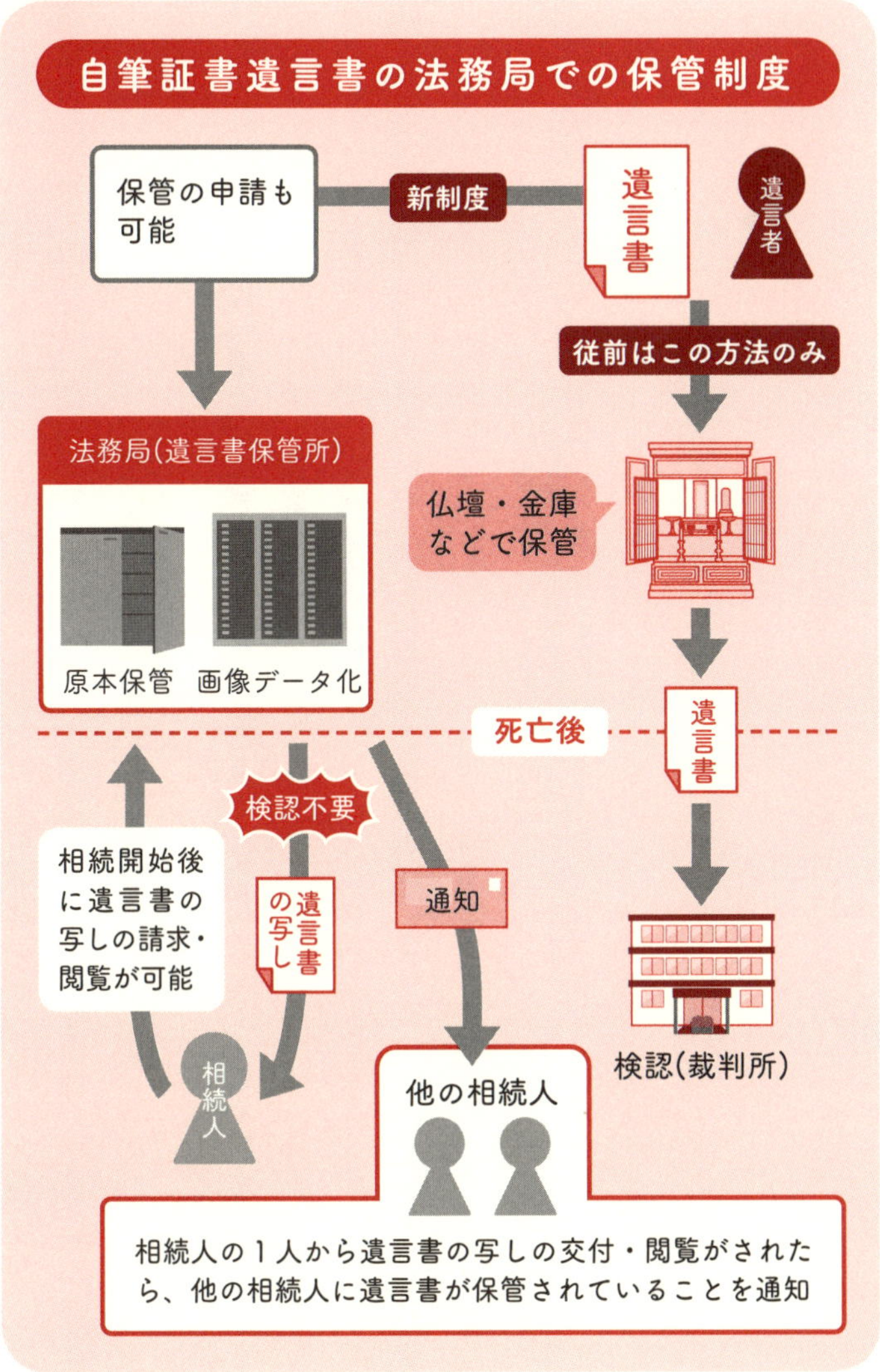
自筆証書遺言書の法務局での保管制度
保管の申請も可能
新制度
遺言書
遺言者
従前はこの方法のみ
法務局(遺言書保管所)
原本保管
画像データ化
仏壇・金庫などで保管
死亡後
遺言書
検認不要
遺言書の写し
通知
相続開始後に遺言書の写しの請求・閲覧が可能
相続人
他の相続人
検認(裁判所)
相続人の1人から遺言書の写しの交付・閲覧がされたら、他の相続人に遺言書が保管されていることを通知

自筆証書遺言の原本を持っていくと、遺言書保管官という法務局の担当者が遺言書の形式的な審査を行ってくれ、その上で原本を保管し、また原本の内容も画像データとして保存してくれるという制度です。そして、遺言者はいつでも保管された遺言書の閲覧と返還を請求することができます。

この制度を使えば、原本が法務局に保管されるため自筆証書遺言の紛失の恐れがほとんどありませんし、また自筆証書遺言にありがちな形式の不備による無効の可能性をある程度防ぐことができます。また、検認の必要もないことになっています。そして、相続が開始されると相続人らは法務局に対して被相続人の遺言が保管されていないかを問い合わせることができます。もし保管されていた場合にはその保管されている遺言書の閲覧や遺言書の画像データの交付を受けることができます。

この制度は、自筆証書遺言の大きなデメリットをかなり軽減してくれます。しかし、やはり、自筆で全文自書をするなどの負担は大きいですし、わざわざ法務局に出向いて行くのであれば、公証役場に出向いて作る公正証書遺言を作るのとさほど変わらなくなってしまいます。ですから私としてはやはり公正証書遺言を一番お勧めします。

公正証書遺言の作成方法

公正証書遺言は遺言者が公証人に対して、直接遺言を口述して遺言書を作成してもらうものです。公正証書遺言にも、遺言の方式要件というものがあります。しかし、細かい説明は必要ありません。なぜなら公正証書遺言の作成においては、公証人が要件を必ず確認をしながら進めますから、あまり遺言者の側で方式について気にする必要はないでしょう。

ただ念のため公正証書遺言の方式要件を上げておくと以下の４つということになります。①証人２人以上の立ち会いがあること、②遺言者が遺言の趣旨を公証人に口授すること、③公証人が、遺言者の口述を筆記すること、④公証人が筆記したものを遺言者及び証人に読み聞かせること。

なお、これらの要件を見ると、しゃべることができない人や、耳が聞こえない人は口述・口授を受けることができないので、公正証書遺言を作れないのではないかと思うかもしれませんが、これらの人は他の手段で公正証書遺言を作ることができるようになっていますからご安心ください。

なお、公正証書遺言の作成における実際の手順は概ね次のとおりです。

①まず遺言の内容を決定しなければなりません。これについてはご自身でよく考えて決めてください。

②次に文例を参考にしながら下書きを作成します。

③それから公証役場に連絡をして公正証書遺言を作成したい旨を伝えてください。ここで公証役場に原案を送信するなどして文案について公証人のチェックが入ります。さらに必要な書類についても教えてもらうことができるでしょう。

④その後証人2人の確保、必要な書類の収集を始めます。なおここで証人になれない人がいますので注意をしてください。

⑤必要な書類が揃ったら、公証役場に電話をか

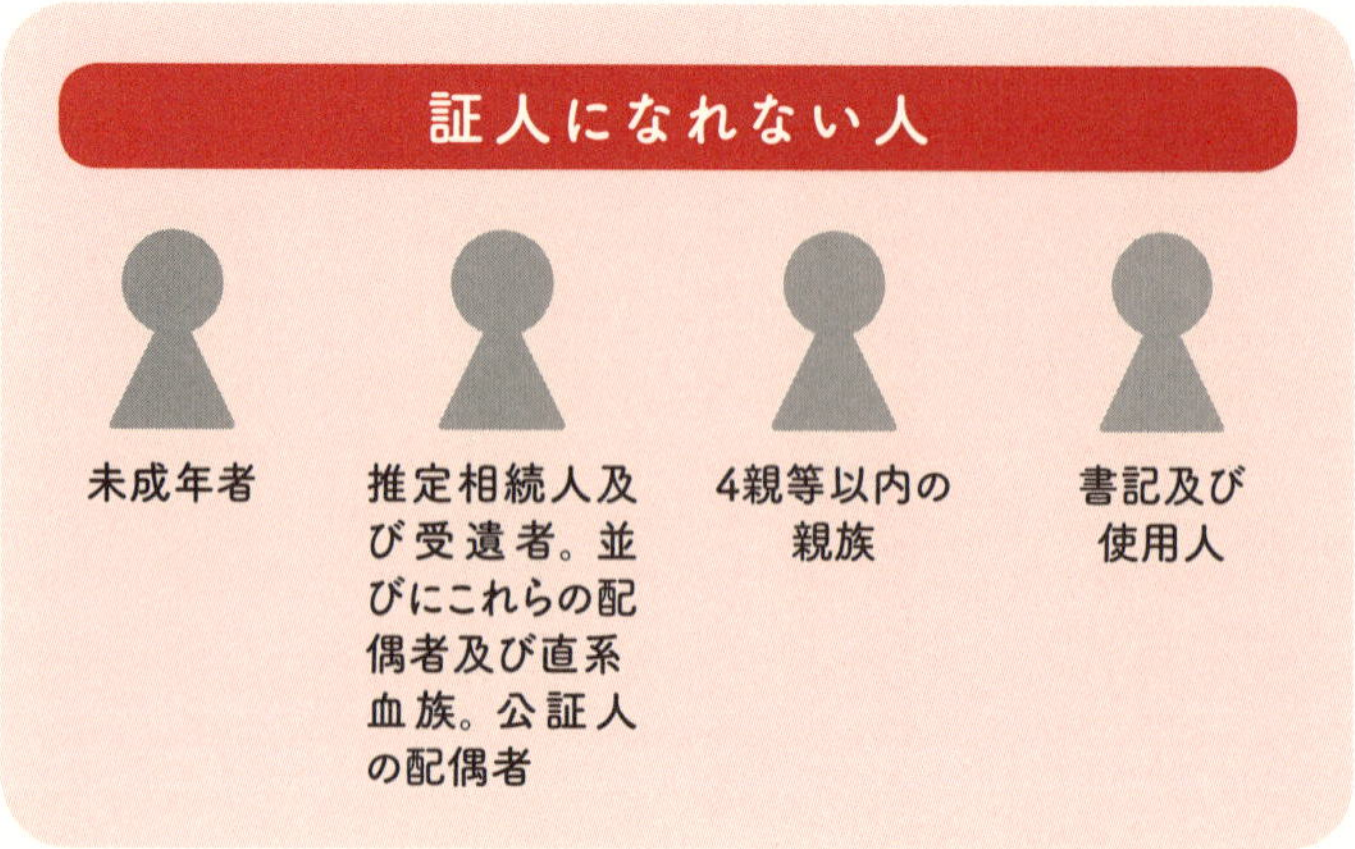

必要書類・準備書類

事前に必要な書類など

・遺言者の印鑑証明書。財産を受け取る人が相続人の場合などには遺言者と続柄がわかる戸籍謄本。相続人以外の人に遺贈する場合にはその人の住民票の写し

・不動産がある場合にはその登記簿謄本や固定資産評価証明書

・預貯金がある場合は預金先の口座番号、種類、概算金額など

・証人2人の住所や氏名、生年月日、職業など

・遺言執行者を指定する場合はその人の住民票の写し

・遺言書の原案

当日に必要なもの

・公証人手数料

・遺言者の実印

・印鑑証明書

・証人2人（証人資格あり）の同行及び印鑑（認印でも構わない）

・証人の依頼代

公正証書遺言書の手数料

	法律行為の目的の価額	全額
1	100万円以下のもの	5,000円
2	100万円を超え200万円以下のもの	7,000円
3	200万円を超え500万円以下のもの	1,1000円
4	500万円を超え1000万円以下のもの	17,000円
5	1000万円を超え3000万円以下のもの	23,000円
6	3000万円を超え5000万円以下のもの	29,000円
7	5000万円を超え1億円以下のもの	43,000円
8	1億円を超え3億円以下のもの	43,000円 ＋超価額5000万円までごとに13,000円を加算した額
9	3億円を超え10億円以下のもの	95,000円 ＋超価額5000万円までごとに11,000円を加算した額
10	10億円を超えるもの	249,000円 ＋超価額5000万円までごとに8,000円を加算した額

けて公正証書遺言の作成日時を予約します。

⑥予約当日には証人と一緒に公証役場に出向いて遺言を作成します。なお病気で外出ができない人の場合は公証人に出張費を払えば出張してもらうことができます。

⑦無事公正証書遺言が作成されればその原本が公証役場で保管されることになります。なお遺言者自身が公証役場に行って公正証書を作成する場合には、どこの公証役場の公証人に委託しても構いません。しかし出張が必要な場合には、公証人が所属する法務局の管轄内でなければなりませんから、公証役場とまずは相談してみてください。

秘密証書遺言の作成方法

秘密証書遺言とは、遺言者が遺言内容を秘密にして遺言書を作成した上で、封印した遺言証書の存在を明らかにする方法で行われる遺言です。公正証書遺言では、少なくとも証人2人と公証人の3人が遺言の内容を知ってしまいます。

一方で秘密証書遺言は本当に誰にも知られずに作成することができるというメリットがありますし、その他にも全文を自書する必要がないこと、他人に書いてもらってもよいことなどのメリットがあります。

秘密証書遺言の方式要件は次のとおりです。

①遺言者が遺言内容の記載された証書に署名し印を押すこと
②遺言者がその証書を封じ、証書に用いた印章を用いて、これに封印をすること
③遺言者が公証人1人及び証人2人以上の前に封書を提出して自己の遺言書である旨とその筆者の氏名住所を申述することです。

ただ、秘密証書遺言の利用件数は非常に少ないようです。その理由は、秘密証書遺言は、

内容が秘密にできるというだけで、自筆証書遺言のデメリットは、ほとんど解消されないからです。秘密証書遺言を作成しても、公証役場には秘密証書遺言が作成されたという記録が残るだけで秘密証書遺言自体は保管してはくれません。ですから、**秘密証書遺言を遺言者がなくしてしまうなど紛失の恐れがありますし、また偽造変造の恐れもないとは言えません。**

第6章

相続で起こりやすいトラブル

相続で紛争が起こりやすいパターン

相続はいったんもめ始めると、解決が極めて難しい類型の争いです。一度争いが始まると全く収拾がつかなくなり5年10年経っているということも珍しくありません。さらに自分の代で解決できずに、子の代、孫の代までもめ続けているということすらあります。

その原因はいろいろあると思いますが、近しい間柄だけに積もりに積もったお互いの長年の不満までもが持ち込まれて紛争が複雑化すること、また感情的に一歩も引くことができなくなってしまう場合があることや、関係者が多すぎて全員の同意を取り付けるのが困難を極めるというような事情があります。

このようなことにならないためには、被相続人の事前の準備が重要ですが、遺言も何もなくして亡くなってしまった後に、相続人の間の紛争だけが残ったというのでは被相続人も浮かばれません。もめてしまったら何とか解決するしかありません。

もめる相続のパターン

相続がもめやすいパターンにはいくつかの類型があります。大きく分けて、次のように分類できます。

①相続人に問題がある場合
②遺産に問題がある場合
③遺言に問題がある場合

①相続人に問題がある場合の例

・被相続人の子どもの代では仲がよくても、被相続人が亡くなる前に一部の子ども（「推定相続人」と言います。）が亡くなっており、孫が代襲相続している場合。子どもたち同士は昔から親の考えもよく知っており、お互いの役割も把握しているので、生きていれば遺産分割ももめることはなかったのかもしれません。でも、孫たちはそんな事情は知りません。もらえるもの（大抵「お金」が欲しいはずです）をしっかりもらおうとする結果、もめることが多いです。

・隠し子がいる場合
やはり隠し子がいる場合には、親の遺産を他人に持っていかれるような感覚になり、もめることが多いようです。

②遺産に問題がある場合

・遺産に不動産がいくつかあり、かつ預金などの分けやすい遺産が少ない場合

この場合には、預金や現金などがあまりないため、誰か一人が不動産を取得しても、代償金の支払いができないので、誰がどの不動産をもらうか、また現金を用意するために売る不動産をどれにするか、不動産の評価をどうするかなどの点で、争いになりやすい類型です。

③被相続人の遺言などに問題がある場合

・あまりに不公平な遺言が作成されている場合

あまりにも不公平な遺言（例えば遺留分を侵害するような遺言）が書かれた場合には、少ない取り分しかなかった相続人は不満を持ちますし、遺留分侵害額請求などをすることによって、紛争に突入しやすくなります。

・特定の相続人に多くの生前贈与がなされている場合

特定の相続人だけに自宅を購入するための資金や、事業のための資金を出していた場合などには、他の相続人から特別受益だとの声が上がりやすく、争いになりやすいといえま

す。

・特定の相続人が被相続人と同居し、使い込みを疑われる場合

このような場合には、同居している相続人と被相続人の財産が混同しやすく、他の相続人からみれば被相続人の財産を使い込んでいると疑われる場合があります。一方で同居している相続人の方は、むしろ自分が献身的に親の面倒を見ていたと思っていますからお互いに譲り合えず、争いになりやすくなります。

争いを解決する方法

どうしても収拾がつかない争いになってしまった場合には、家庭裁判所で調停や審判を利用することになります。

遺産分割では争点になることが非常に多いことから、効率的に話し合いを進めるために家庭裁判所では**「積み上げ方式」という普通の調停とは少し違った方法がとられています。**

これは、まず相続人が誰なのかについて確認を行い、次に遺産の範囲について確認を行い、その上で遺産の分け方について話し合いを進めます。

また、遺産の分け方についても、まずは遺産の評価を決め、評価が決まれば特別受益や寄与分の有無を決め、その後に相続人の持ち分を算出し、最後に誰が何を取得するかを決

めていきます。

一度決まったことに関して後戻りさせないようにして、順次確定事項を積み上げていくことで最終解決までたどり着こうという方式なわけです。

それでも話し合いがつかず、相続人と遺産の範囲で合意ができない場合にはそれを確定する訴訟へ、分け方で合意ができない場合には審判へと進むことになります。

何にしても相当な時間と労力がかかりますから、ここに至る前に解決できるように事前準備を怠らないようにしましょう。

夫が死んだ後に、夫名義の銀行口座から預金を下ろすには

葬式代も下ろせない!?　改正前の相続法

第一章でも触れましたが大切なことなので、もう一度書きます。

ある人の父が亡くなったとします。相続人は年老いた母と息子である自分と弟の2人です。預金は父の口座には入っていますが、母の口座には多額の資金の蓄えがあるわけでもありません。亡くなってすぐに葬儀の準備をしなければなりませんし、各種の手続きのためにある程度のお金の備えが必要です。そこで、息子は銀行へ行き、父が亡くなったことを告げて父の預金から必要な資金を引き出そうとします。しかし、銀行はこの引き出しに絶対に応じません。

銀行をはじめとする金融機関は、口座の名義人が亡くなった場合にはその口座を凍結することになっています。これに関して最高裁判所は2016年12月19日判決で、銀行の預金は遺産分割が終わるまで各相続人が勝手におろしてはいけないという旨の重要な判断をし、銀行側の対応が正しいことを認めました。これによって、今回の相続法が改正される

までは、どんなに必要があっても、遺産分割前に被相続人の預金を下すことはできなくなってしまっていたのです。

改正法により葬儀費用が下ろせるようになった！

しかし、これでは相続人たちが、被相続人の死後の葬儀費用や入院費用の弁済などの資金需要に対応できずに困るだろうということで、2018年の相続法の改正によって、一部改められることになりました。

どう変わったかというと次の2つの場面で、相続人が被相続人の預金を引き出すことができることになりました。

①遺産のうち、相続開始時残高の3分の1×法定相続分については、各相続人が単独で引き出すことができる。

②それ以上の預金の引き出しの必要がある場合には、家庭裁判所に仮払仮処分の申し立てをすると、通常の仮払仮処分よりも緩和された要件で、家庭裁判所が仮払いを認める。

この改正により、被相続人が亡くなった直後の資金需要に、ある程度対応できるようになったものと考えられます。ただし、これはあくまで葬儀費用や残された相続人の当面の

預貯金の払戻し制度

下ろせる金額

〈ケース１：預金額600万円の場合〉

妻　600万円$\times\frac{1}{3}\times\frac{1}{2}$＝100万円

長男　次男　600万円$\times\frac{1}{3}\times\frac{1}{4}$＝50万円ずつ

〈ケース2：預金額1200万円の場合〉

妻　1200万円$\times\frac{1}{3}\times\frac{1}{2}$＝200万円
（※ただし上限150万円のため、150万円しか下ろせない）

長男　次男　1200万円$\times\frac{1}{3}\times\frac{1}{4}$＝100万円ずつ

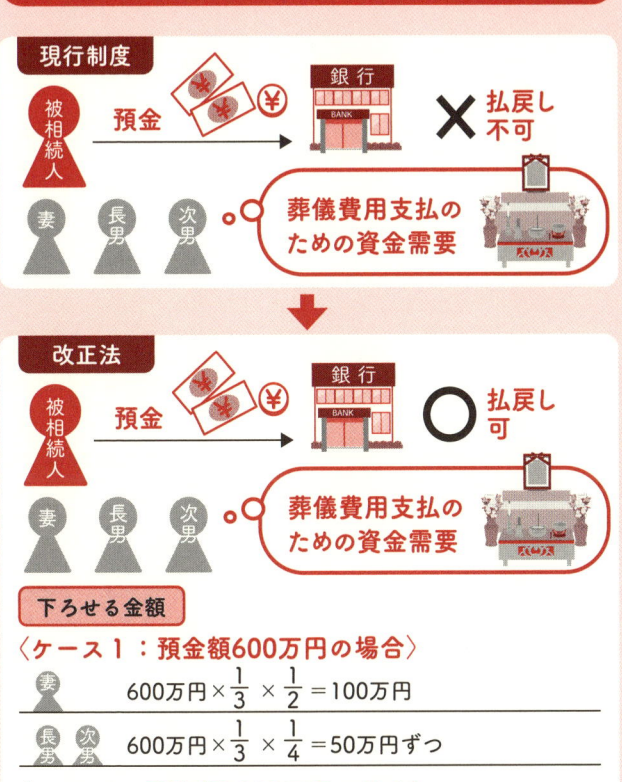

費用を確保することが目的です。

ですから、例えば遺産のうち預金が1億2000万円ある場合には、上記の①の計算式に従えば相続人合計で4000万円もの引き出しができることになりますが、これほどの大金の引き出しを認める必要はありません。そこで改正法は、1金融機関ごとの引き出しの上限額をさだめており、その金額は150万円となっています。

なお、このときに引き出した金銭は、遺産分割の際に調整することで各相続人の公平を保つことになります。

被相続人名義の自宅に配偶者が住み続けることはできるか

住み慣れた自宅に住み続けるために、お金を支払わなければならない？

長年連れ添った夫が亡くなりました。自宅の所有権は夫が有しており、預金の多くも夫名義になったままでした。相続人は妻と長男のみです。このような場合、妻としては、このまま亡き夫と暮らした実家に住み続けることを希望することが多いと思います。しかし、夫名義の自宅に妻が住み続けるためには、遺産分割によって自宅を取得する必要がありま す。このような場合に、自宅の財産的価値と遺産である預金の額次第では、妻は全く預金を取得できない場合がありますし、また場合によっては自宅を全部取得する代償として、長男にある程度のお金を支払ってあげなくてはならない場合もあり得ます。

「配偶者居住権」の創設

上記のようなことになると、被相続人の死後、配偶者は生活費に困ることになりますし、場合によっては高齢の配偶者が自宅を売らざるを得なくなり、住み慣れた居住建物を離れ

配偶者居住権

改正後　配偶者は自宅に居住しつつ、そのほかの財産を受け取れる可能性が高い

例 相続人が妻及び子、遺産が自宅（4000万円）および預貯金（3000万円）だった場合

妻と子の相続分＝
1：1（妻3500万円　子3500万円）

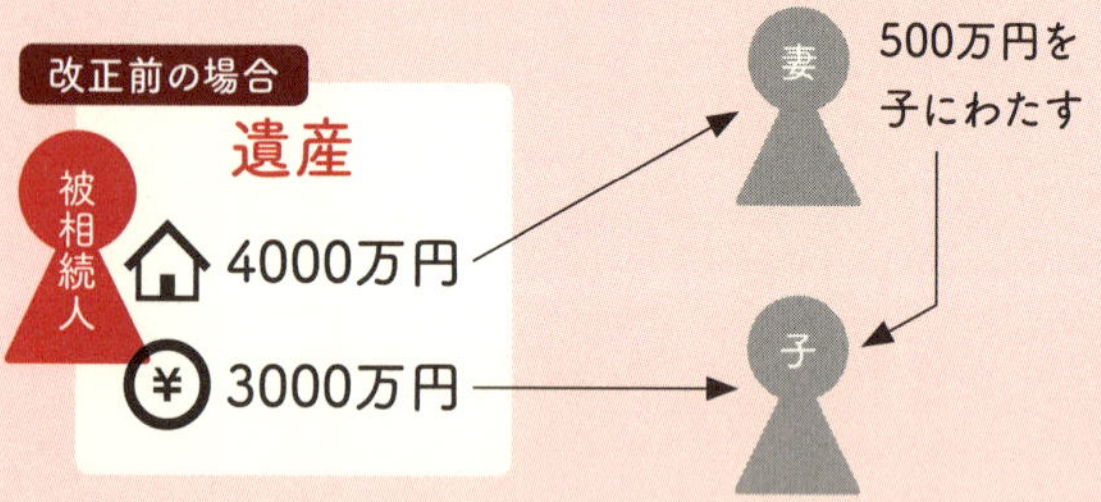

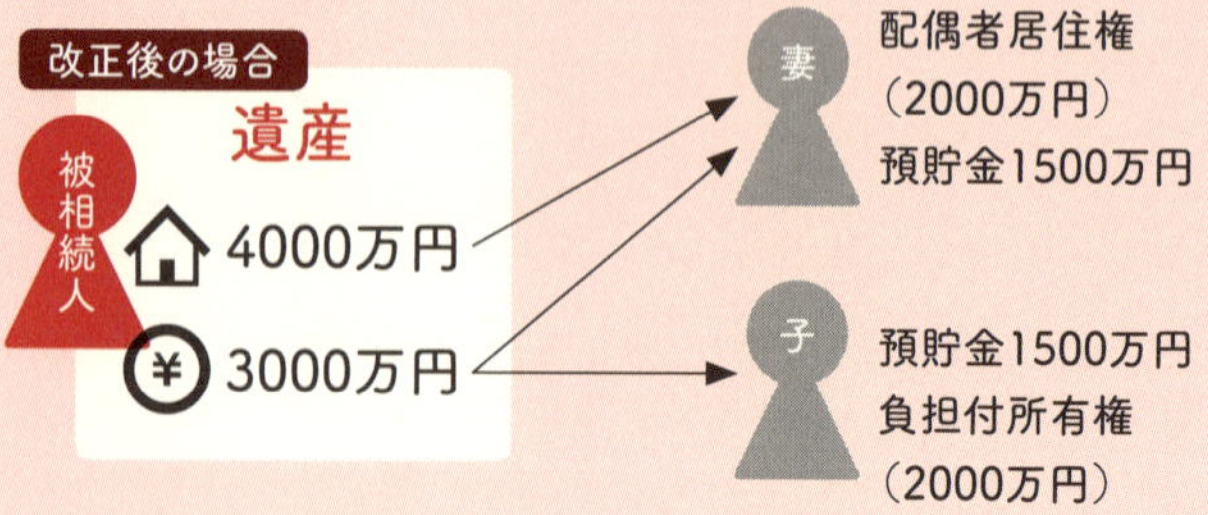

て新たな生活をしなければならない重い負担を負わせることになりかねません。

そこで、今回の相続法改正では、土地建物の所有権は配偶者以外の相続人へ相続させたうえで、「配偶者居住権」という権利のみを配偶者が取得することを認める旨の改正をしました。

配偶者居住権の内容は簡単に言うと、「亡くなった配偶者と一緒に住んでいた建物については、残された配偶者が亡くなるまで、又は一定期間、配偶者に建物の使用、収益を認める」という権利のことです。

この配偶者居住権を取得するためには、次の要件を満たす必要があります。
①配偶者が、相続開始の時点で、被相続人の財産に属した建物に居住していたこと
②次のいずれかに該当すること
・遺産分割で配偶者居住権を設定したとき
・配偶者居住権が遺贈の目的とされたとき
・家庭裁判所の審判で配偶者所有権を設定したとき
（ただし、共同相続人間で合意がある場合、または配偶者が配偶者居住権の取得を希望し、居住建物の所有者の受ける不利益を考慮してもなお配偶者の生活を維持するために特に必要と認められる場合）

配偶者「短期」居住権の意義

遺産分割までの間も、妻は遺産に属する家に住むことができる！

前項で、遺産分割後から亡くなるまで、残された配偶者が被相続人名義の自宅に住むことのできる権利（配偶者居住権）が創設されたと述べました。

しかし、実は被相続人が死亡してから遺産分割協議が成立するまでの間には、何年も要することがあります。この間、被相続人名義の自宅は法律上すべての相続人での共有となることになっています。あくまでも、みんなで共有しているわけですから、共有者の一人にすぎない配偶者だけが独占的に自宅に住んでいれば、他の相続人が反対するかもしれません。

このような場合に、残された配偶者は被相続人名義の自宅に住み続けることができるのでしょうか。

配偶者の居住権

過去には、最高裁判所の判例で、被相続人と同居していた配偶者は、相続が開始した際にその他の相続人との間で自宅について使用貸借関係が成立したものと推認して、遺産分割協議終了までの間の配偶者の居住権を確保していました。

しかし、この方法では、被相続人が居住建物を第三者に遺贈した場合や、被相続人が配偶者に対し、明示的に被相続人の死後には被相続人名義の自宅に住まわせないことを表示していた場合には、上記のような推認はできず、配偶者の居住権は確保できませんでした。

そのため、改正法では下記のルールの下、配偶者の短期居住権を保護することとしました。

見直しのポイント

①居住建物が遺産分割の対象である場合

配偶者短期居住権は他の相続人らに対し、以下のいずれか遅い日までの間存続する。

(1)遺産の分割による居住建物の帰属が確定した日

(2)相続開始の時から6か月を経過した日

②前記(1)以外の場合

自宅を取得した人は、いつでも配偶者に配偶者短期居住権消滅の申し入れをすることができその場合には、その申し入れの日から6か月を経過した日まで存続する。

この改正により、今後は自宅が遺産分割の対象である場合にはそのほかの場合でも最低6か月は配偶者の居住権が守られるようになっています。

生命保険金はいったい誰のものになるのか

まずは生命保険契約にかかわる登場人物を知る

被相続人が死亡し、被相続人には多額の生命保険が掛けられていた場合、多額の生命保険金が支払われることになります。この生命保険金は、いったい誰のものになるのでしょうか。生命保険金は場合によっては数千万円単位で支払われることもあります。第2章でも少し触れましたが、これが遺産となって分割されるのか、それとも、特定の受取人に支払われてしまうのかは、相続人のみなさんにとっては重大な関心事です。

答えを詳しくお話しする前に、まずは生命保険金支払いの場面における登場人物を把握しておいてください。保険契約には、普段聞きなれない言葉の登場人物が多数現れます。これがわからないと理解できないので、頑張りましょう！

保険金が遺産になる場合と、ならない場合がある

生命保険金が遺産になるのか否かは、生命保険金受取人を誰と指定しているのかがポイ

ントになります。

パターン① 保険金受取人が、特定の個人（例えば「山田花子」とされている場合）になっている場合

この場合には、生命保険金は遺産にはならず、保険金受取人と指定されている特定の誰かに支払われてしまいます。保険金受取人とされていないその他の相続人については、原則として生命保険金の分け前にあずかることはできません。

ただし、遺産が1000万円しかないのに、特定の相続人だけが生命保険金の支払いによって1億円の支払いを受けたなどの場合には、例外的に「特別受益」として遺産分割の際に遺産に持ち戻す処理をされる可能性があります。

生命保険契約にかかわる登場人物

保険者……保険金を支払う者。通常は保険会社。

保険契約者……生命保険を契約した人、保険契約の当事者。

保険料負担者……生命保険料を実際に支払っている人。通常は保険契約者と同一人物。

被保険者……この人が亡くなることによって生命保険金が支払われる。

保険金受取人……生命保険金が支払われる人。

パターン② 保険金受取人が、「相続人」と記載されている場合

この場合には、特段の事情がない限り被保険者（＝被相続人）が死亡した時点での各相続人を指定したものと扱われます。さらに、保険金を受け取る割合は法定相続分に従って受け取る旨の指定がなされたものと扱われます。結局、相続人のみなさんに法定相続分に従って支払われることになります。

パターン③ 保険金受取人が、「被相続人自身」とされていた場合

この場合には、生命保険金は遺産に含まれることになり、法定相続分に従って各相続人に相続されることになります。

保険金が遺産になる場合とならない場合

パターン1	保険金受取人が「特定の個人」 →生命保険金は**特定の個人のもの**
パターン2	保険金受取人が「相続人」 →生命保険金は**各相続人のもの**
パターン3	保険金受取人が「被相続人自身」 →生命保険金は**遺産**となる

胎児に相続権はあるのか

「私権の享有は出生に始まる」

日本の民法では、その第3条において「私権の享有は出生に始まる。」と定めており、この出生とは、母体から生まれてきたときのことを指します。したがって、通常の場合には、胎児には何の権利も認められません。

しかし、**相続に関しては、例外的に胎児も生まれているものとみなし、相続権を認めるという扱いがされています（民法886条）。**相続に関しては相続人の生活保障などの側面もありますから、生まれてきた胎児には何の遺産も相続されないのでは相続制度の趣旨に反するということです。

胎児がいる場合にはどのように遺産分割の手続きを進めればいいのか

①停止条件説

胎児はすでに生まれたものとみなす、といってもその意味には諸説あります。

胎児である間には権利能力が認められないが、生まれてきた場合には、さかのぼって権利能力があったことになる。この場合には、現に子どもが生まれてきてから遺産分割をすべきことになる。

②解除条件説

胎児である間にも相続に関する権利能力が認められ、もし死産となった場合には、さかのぼってその権利能力が消滅するという考え方。この場合には、胎児が生まれてくる前に、遺産分割協議を済ませてしまうことも可能です。

どちらの説が正しいのかは、今もまだ完全には決着がついていません。

ただ、胎児が生まれてくる前に遺産分割をしてしまい、もし死産で生まれてきた場合には、遺産分割のやり直しになってしまいます。いくら現代では死産が減ったとはいえ、やはり死産があること間違いありませんから、**胎児が無事に生まれてきてから遺産分割をするのが無難でしょう。**

赤ん坊がどうやって遺産分割協議をするのか

ところで、赤ん坊には当然判断能力がありません。誰か赤ちゃんの代わりになって遺産分割協議をしてくれる人が必要になります。

みなさんご存知のとおり、子どもの法定代理人は親権者である親と決まっています。それでは、親が赤ちゃんの代理人となるのでしょうか。しかし、父親が亡くなって母親とその子が相続人となる場合には、母親がその子の代理人として遺産分割協議をするのでは、「全ての財産を母親が取得する」というような母親にとって有利で子にとって不利な遺産分割ができてしまいます。そのため、母親はこのような場合には子どもの代理人になれないことになっています。

ここで出てくるのが、**「特別代理人」**という人です。このような場合には、特別代理人の選任の申し立てを家庭裁判所に対して行い、その結果、選任された特別代理人が、子に代わって遺産分割協議をするということになります。なお、この特別代理人は、申立人の側から候補者を立てることができ、親戚の方や弁護士などの専門職を特別代理人候補者として申し立てをすることが多いようです。

内縁の妻、LGBTカップルの相続はどうなるのか

法律上の婚姻をしていなくても相続できるのか

日本では、婚姻は男女でなければできないことになっており、また婚姻すると夫婦同姓にしなければならないなど、婚姻に伴う様々な制約が生まれます。そのため、法律上の結婚をしないことを選ぶ方々が一定数います。この中には、LGBTの方々で同性同士のカップルの場合も含まれます。そのような方々は、実体としては法律婚をした夫婦とほとんど変わらないにもかかわらず、法律婚をした男女のカップルとは様々な点で、不利益を受けています。その不利益の1つが、相続です。日本の法律では、法律婚の夫婦と同じようには事実婚や同棲カップルには相続ができないようになっています。

では、全く相続できる方法がないのかというと、婚姻とは別の、いくつかの法律上の制度を使うことによって、似たような効果を得ることはできます。法律婚をしていない場合に、お互いの死後、遺産を相続できる方法があるのか。**答えは、「全く同じにはできないが似たようなことはできる」、です。**

どのような制度を使うことができるのか

1　遺言

言わずと知れた、最もよく知られた対策です。「パートナーに財産を譲る」との遺言を書いてしまえば、あなたのパートナーに遺産を渡すことが可能になります（「遺贈」と言います）。もちろん、遺贈する範囲を「遺産の何分の1」というように指定することもできますし、遺産の全部とすることも可能です。

ただし、もしもパートナーに兄弟姉妹以外の相続人がいる場合、遺留分を超える遺贈をすると、遺留分侵害額請求をされる可能性がありますので、その点は要注意です。

2　養子縁組

ややトリッキーですが、カップルで養子縁組をしてしまうという方法もあります。結婚したくても現行制度の下では結婚できない、ＬＧＢＴの方々により向いているのではないかと思います。

この方法を使えば、法的には2人の関係は親子になりますので、どちらかが亡くなった際にはお互いに相続人となります。しかも、姓を同じくすることができますので、より法律上の婚姻に近い雰囲気にすることができます。

ただし、法的に「親」となっている人がその人の本当の親よりも先に亡くなった場合に、「子」となっている人がそのパートナーの親の法律上の孫として代襲相続人となる場合があり、これは相続時にトラブルのもとになるかもしれません。

3　民事信託

パートナーよりも自分が先に死んでしまった場合に、パートナーの生活費を毎月決まった額渡せるように、あらかじめ「民事信託」という制度を利用しておくということもできます。これは、自らの財産を信託財産として「受託者」と呼ばれる人に託し（子どもや信頼できる人、信託銀行などに任せることもできる）、その受託者が、パートナー（「受益者」）に対して毎月お金を支払う、というものです。

ちなみに、民事信託は、かなり柔軟な利用が可能で、毎月渡すという利用方法以外にも、いろいろな方法で自由に財産の渡し方を設定できます。例えば、特定の記念日などにまとまった金額を得ることができるような調整もできます。

まとめ

以上のように、事実婚やLGBTのカップルでは、何もしなければお互いの死後にパートナーに対して何も残してあげることができません。そのため、様々な手法を使ってお互いの死後に財産を残してあげられるようにしておくことが重要です。

故人に愛人がいた場合、愛人やその子どもは相続人になれるのか

愛人は相続できないが、子どもは相続できる

被相続人に愛人と、愛人との間に隠し子までいたことが発覚したとします。そのような場合には、相続人たちの間には激震が走ることは確実ですし、遺産の行方に相当な不安感を覚えることでしょう。果たしてその愛人や子どもたちには被相続人の財産を相続することができる権利があるのでしょうか。

この点については、すでに一部説明しているので、結論を先に書いてしまうと、愛人には相続をする権利はありません。一方で、**愛人の子どもには、相続する権利があります。**愛人と被相続人の間には婚姻などの関係は一切ありませんが、子どもは母親が誰であろうとも被相続人と血のつながった子どもだからです。

非嫡出子の取り分は

では、愛人との間の子ども（「非嫡出子」と言います）にはいったいどれくらいの取り

分が認められるのでしょうか。昔は、非嫡出子の相続分は、嫡出子の相続分の半分にするという法律がありました。しかし、この法律は違憲無効であるという最高裁判所の判決が出たことを受けて、２０１３年12月５日に法律が改正され、**今では非嫡出子と嫡出子の相続分は全く同じになっています。**

したがって、被相続人の妻との間に生まれた子どもたちと、完全に対等の立場で遺産分割に参加することになります。

遺産分割協議が終了した後に隠し子が見つかった場合にはどうなるか

被相続人が亡くなった後、戸籍の調査によって相続人とされた人たちで遺産分割協議を終了させた後に、被相続人の子どもと名乗る者が現れたらどうなるでしょうか。実は、ある人が死んだ後でも、その死から3年以内であれば、裁判所に認知の訴えというものを提起することで、被相続人の子であると認めてもらうことができるのです。

当然、まずはその人が本当に被相続人の子どもなのかどうかを確認しなければなりません。しかし、もしＤＮＡ鑑定や所持品、写真、その他の記録からその人が本当に被相続人の子どもであることが確認されてしまったら大変です。

相続人たちとしては、すでに遺産分割は終わってしまったのだから、今さら現れても遅いと言いたいところでしょう。しかし、思い出してください。遺産分割協議は相続人の全員の合意に基づかなければなりません。先に合意した遺産分割協議書があったとしても、これは相続人全員の合意に基づくものではありませんから無効になります。そして、**遺産分割はもう一度初めからやり直しになってしまいます。**

ペットに財産を分与したい場合（遺言）

ペットに財産を分与することができるのか

とてもかわいがっているペットがいる方は自分の死後にペットの面倒がきちんと見てもらえるか、エサ代などをきちんと出すことができるか、不安に思うこともあるのではないでしょうか。その不安を解消するために、遺言を書くことでペットに遺産の一部でも相続させることはできるのでしょうか。

これに対する答えは、残念ながらできない、ということになります。わが国では、モノやお金を所持したり権利を行使したりできるのは、人（法人も含む）だけであるということになっています。残念ながら、それ以外の動物やキャラクターなどは、財産を所持したりすることはできません。

いくら被相続人が遺言の中に、「遺産の一部をペットに譲る」と書いていたとしても、動物であるペットは遺産を相続することはできませんし、該当部分の遺言は無効になってしまいます。

ペットの生活を保障するためにできること

しかし、やはりかわいいペットは家族同然という方は多くいます。そのような方たちのために、どうにかして自分の死後のペットの生活を保障してあげられないでしょうか。誰かに頼むにしても、ペットの世話というものはエサやり、散歩、必要なものを買い出したり、病気になれば動物病院に連れて行ったりと、多くの費用と労力が必要になります。これを簡単に口約束で人に任せてしまうのでは心配です。何とかある程度の法的な強制力を持たせてやりたいところです。

このような希望を実現するために考えられる方法は3つ、①負担付遺贈、②負担付死因贈与契約、③民事信託です。

①負担付遺贈

負担付遺贈は、一定の遺産を遺贈する代わりに、遺贈を受ける人が何らかの義務を負うことになる遺言です。

例えば、子どもたちの中で最もペットに愛情を注いでくれそうな子どもに対して、ペットの面倒を見てもらう代わりに、一定額の財産を遺贈するとしておきます。注意点としては、遺贈はこれを受けることを拒否することができますから、あらかじめ負担付き遺贈をさせようとする人に対して、内諾を得ておくことは必要であることがあげられます（それでもいよいよ相続の場面となったときに拒否されるかもしれませんが）。

もし、遺贈を受けた人がきちんとペットの世話を見ない場合には、他の相続人がきちんとペットの面倒を見るように催告することができ、またそれでもペットの面倒を見ない場合にはその負担付遺贈を取り消すことを請求することができます。そして、負担付遺贈を取り消す旨の審判が確定した場合には、負担付遺贈を受けた人は受け取った金銭を相続人に返還しなければなりません。

②負担付死因贈与契約

負担付死因贈与契約とは、死亡した際に一定の財産を贈与する代わりに、贈与された人は何らかの負担（この場合にはペットの世話）をするという契約を、生前に結んでおくことになります。

①の負担付遺贈とそっくりですが、違う点があります。負担付死因贈与契約は「契約」ですから、生前にペットの世話をしてくれる人との約束ができています。契約は勝手に破ることができませんから、**負担付遺贈のように死後に拒否することはできません。**

③民事信託

この方法は、多様な方法でペットに関する費用を定期的に支払うようにすることができます。 例えば一例として、被相続人が生前に、息子（受託者）と信託契約を結んで一定の金銭を信託財産として息子に預けておき、被相続人の存命中は自分が受益者としてペットを育て、自分が死亡したときには、娘が受益者となるように定めておいて、その後は娘にペットの面倒をみてもらう。というような方法が考えられます。また、ペットが死んだ場合には信託財産は娘と息子に等分で帰属するように設計すれば無駄もありません。

負担付遺贈などと異なり、定期的にお金が出てくることで信託財産が尽きるまで継続的にペットの費用を出すことができますし、何より設計が自由なのが魅力です。

このように、ペットのために遺産を相続させるのと事実上同じような結果を残す方法があります。ペットを飼っておられる方々はぜひ、生前によく検討しておいてください。

死亡退職金・弔慰金・香典の受取人は誰か

死亡退職金は誰が受け取ることができるのか

日本では、中規模以上の会社においては、死亡した際に遺族が退職金を受け取れる、「死亡退職金」という制度が設けられていることがあります。この死亡退職金は、いったい誰のものになるのでしょうか。

先ほど生命保険金を誰が受け取るのかについてご説明いたしました。死亡退職金の受取人が誰になるのかという問題は生命保険金の受け取り人が誰になるのかという問題ととても似ている問題です。

死亡退職金は、従業員が死亡したことを条件として、遺族に対して支払われるものです。つまり、被相続人本人に支払われるものではありませんので、遺産には属さないということになります。死亡退職金は、遺産ではなく、それを受給する権利を持っている遺族が自己固有の権利として受給権を取得するのです。したがって、遺産分割協議を経ることなく受給する権利を持っている者がこれを手にすることができます。

受給する権利を持っている人は、死亡退職金の支給に関する規定により決定されることになるので、会社ごとに異なる可能性があります。ただ、受給する権利は優先度が高い方から配偶者、子、父母、孫というようになっていることが多いようです。

また死亡退職金は遺族の生活保障を目的としていますから、内縁の妻といった法律上の婚姻届けを出していない人も受給できることになっていることが多いです。

結論をもう一度述べておきます。**死亡退職金は遺産ではありませんので遺産分割協議は不要です。**会社の規約上受取人となっている人がそのまま受け取れることになります。

香典・弔慰金は誰が受け取るのか

被相続人のお葬式において、香典や弔慰金を参列者のみなさんから受け取ることになります。この香典や弔慰金は遺産に含まれるのでしょうか。**答えは遺産には含まれません。これらの香典や弔慰金は、葬式を主催する喪主のものである**と考えられているからです。なぜならば、喪主は葬式を主催する際に戒名料や火葬費用、お布施など葬式関連の費用を払っています。ですから一方で、香典においてもこれを喪主が取得することが適切であると考えられているわけです。

従って遺産分割協議を経ることなく、喪主が取得するものになり、その他の相続人が香典の分割を主張することができません。

死亡退職金・弔慰・香典に税金がかかるのか

通常日本の会社ではその多くが退職金という制度を設け、会社を退職するときに従業員の長年の功労に報いるために、まとまった金銭を受け取れるようにしています。死亡退職金は、この退職金を受け取る前に亡くなった方のために、これまでの功労に報いるために支給されるものです。

そうすると、退職金と死亡退職金はその趣旨がほとんど同じ制度です。それなのに、一方は課税され、一方は課税されないというのでは少しおかしな話になってしまいます。そのため国税当局は被相続人の死亡によって相続人が退職手当金などを受け取る場合には、被相続人の死亡後3年以内に支給が確定したものは、それを遺産とみなして**相続税の対象**としています。

なお、被相続人の死亡後3年を超えて支給が確定した場合には、一時所得として受け取った退職金を基に計算した金額の2分の1に対して所得税が課税されます。さらにこの場合には勤務年数が5年以下の一定の役員が受け取った退職金の場合には、この2分の1を乗じるという計算が適用されないことになっています。

ただし、死亡退職金はそのすべてが相続税の対象となるわけではなく。一定の非課税限度額が設けられており、これを超えない限りは課税されないことになっています。具体的には**500万円×法定相続人の数までは非課税**とする扱いになっています。例えば相続人が妻と子ども2人合計3人の場合には、500万円×3で1500万円までは非課税となります。

また人が死亡した場合に、その**葬儀の際に弔慰金や花輪代、葬祭料など**を受け取ることがあります。そのような金銭には課税がされるのでしょうか。**これについては原則として非課税とする取り扱いになっています。**

ただし、被相続人の会社から受け取った場合で、実質として退職手当などに相当する場合と認められる部分は、相続税の対象となります。実質として「退職手当等に相当する場合」とは、被相続人の死亡が、業務上の死亡か、それとも業務上ではない死亡の場合かによって変わってきます。

業務上の死亡の場合には被相続人の死亡当時の給与の3年分に相当する額を超える場合には相続税の課税対象となります。一方業務上の死亡ではない場合には、被相続人の死亡当時の給与の半年分に相当する額までは相続税が課税されません。

お墓を継ぐのは誰か（祭祀承継者）

お墓や家系図を継ぐのはいったい誰なのか

一族に代々伝わる家系図やお墓その他祭具などは祭祀財産と呼ばれています。**これらの財産は民法上は、遺産と区別**され、別に祭祀財産を受け継ぐ人が決まることになっています。

この祭祀財産を受け継ぐ人のことを「祭祀承継者」と呼びます。この祭祀承継者は、相続人に限られず、その他の人がなることもできます。場合によっては孫がなる場合、甥や姪がなる場合、その他もしかしたら晩年を一緒に過ごした内縁の妻がなることすら考えられます。ただ、一般的にはその一族の跡継ぎと目されているような人がなることが多いでしょう。

祭祀財産を受け取った人は、相続する財産が減るのか

お墓や祭具などの祭祀財産はそれ自体財産的価値があるものもあるでしょう。これを受

け取った場合には、その他に相続することのできる財産が減ってしまうのでしょうか。

答えを言いますと、そのようなことはありません。**祭祀財産は民法上、財産的な価値についてはないものと扱われています。**祖先を祀るものですから、財産的価値よりも宗教的な意味合いの方が大きいと考えられているからです。

祭祀財産は相続税が課税されるのか

ここで1つ疑問が湧いてきます。祭祀財産には相続税が課税

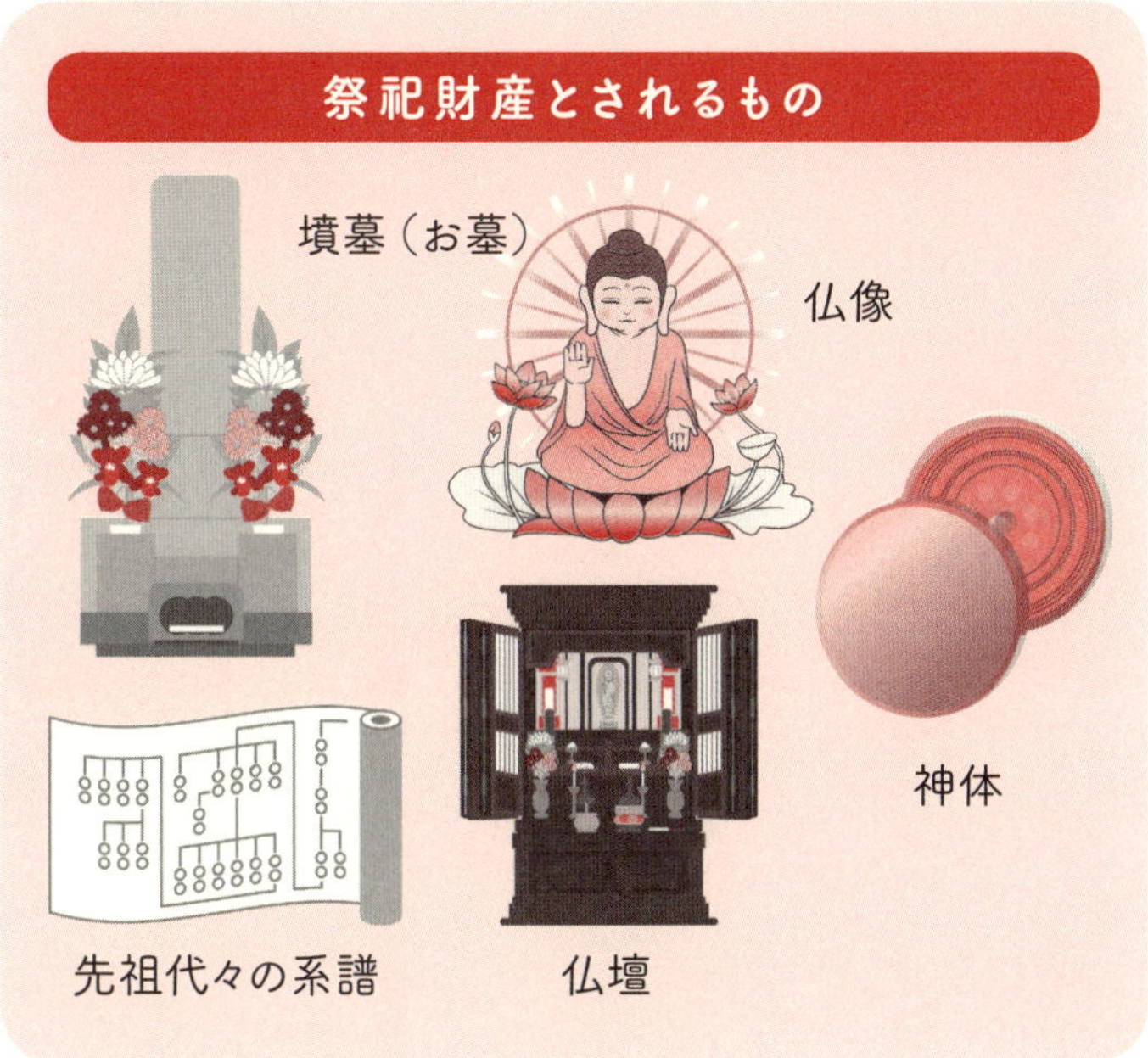

されるのでしょうか。答えは、原則として課税されない、です。財産的価値がないと考えられている以上は、原則としてこのように考えることになるでしょう。

ただどのようなものであっても絶対に相続税が課税されないのかというと、これは違います。例えば純金の仏像がいくつもある場合など祭祀財産であっても、売却の際にあまりに大きな交換価値がある場合には相続税の対象とされる場合があります。どこまでいけば相続税が課されるかというのは非常に難しい問題ですが、**少なくとも純金の仏像を祭祀財産と主張するのはやめておいた方がよいでしょう。**

国際結婚

近年は日本に住む外国人も増え、また日本人が外国に住むことも多くなってきました。そのため国際結婚する人たちもどんどん増えています。このような国際結婚をした場合、夫婦の国籍は必ずしも同じになるわけではありません。むしろ結婚当初は別々の国籍のままになっていることの方が多いと思います。そのような場合に、夫婦の一方が亡くなった場合、どちらの国の法律が適用されるのでしょうか。

日本には「法の適用に関する通則法」という法律があり、この法律が国際相続においてどの国の法律を適用すべきかについて定めています。この**法律の第36条には「相続は、被相続人の本国法による。」という条文があります。**

ですから例えば、夫が日本人、妻が外国人という場合には、夫が亡くなった場合には日本法が適用され、妻が亡くなった場合には妻が国籍を有する国の法律が適用されます。そうすると、夫が亡くなった場合には、日本の法律に従って遺産分割ができますが、妻が亡くなった場合には妻の国の法律によってしか遺産分割ができないことになります。

当然国によって相続のルールは全く異なりますから、解決するには妻の本国の法律を調べる必要があります。

さらに、例えば中国では遺産のうち、不動産と不動産以外の預金や株券などを区別し、不動産については不動産の所在地の法律によって決め、それ以外の財産については被相続人の本国法によって決めるとされており、不動産の所在地ごとに、また動産なのか不動産なのかによって、それぞれ中国法が適用されるのか日本法が適用されるのか異なってくる場合もあります。

これらの判断を正確に行うことは、専門家でも非常に困難な作業です。

以上のように、国際結婚における相続は、専門家でも困難な、茨の道を歩むことになります。**国際結婚をする場合には、相手の国の法律をあらかじめある程度は知っておかないと相続の場面で思わぬ誤算が生じるかもしれません。**国際結婚する場合にはこのようなことも念頭に置いておきましょう。

法定相続情報証明制度

相続では大量の戸籍が必要になる

相続ではあらゆる場面で被相続人と相続人を結ぶたくさんの戸籍が必要になります。この戸籍は、１、２枚で済むことはほとんどなく、みなさんが思っているよりも大量の書類になることが多いです（明治時代の戸籍にさかのぼることすらあります）。

さらに、兄弟姉妹が相続人になる場合には、被相続人に子どもがいないことに始まり、親もいないこと、さらに兄弟姉妹が生きていることまで戸籍を集めなければなりませんから、非常に膨大な量の戸籍が必要になります。

しかもその戸籍は手続によっては有効期限が定められていて相続の開始時点で取得した戸籍が、いざ手続に使おうとしたときには使えなかったりすることもあります。また、多数の金融機関で同時並行的に手続を進める際には、同じ戸籍が何セットも必要になったりすることもあります。

そして、この煩わしさが、相続された不動産の登記名義人を変更する所有権移転登記というものがされないまま放置される1つの原因になっていると言われていました。

法定相続情報証明制度とは

法定相続情報証明制度とは、このような煩わしさを解消するために2017年に作られた新しい制度です。戸籍謄本や除籍謄本などをすべて収集して法定相続情報一覧図を作成し登記所に申し出さえすれば、登記官による相続関係の確認がなされ、以後は登記官の認証文言付きの法定相続情報一覧図の写しが交付されることになります。

ちなみに法定相続情報一覧図とは、いわゆる家系図のようなものに被相続人や相続人の住所地や本籍、死亡日などが記載されることにより、被相続人の法定相続人が一目でわかるようになったものです。

一度はすべての戸籍を集めなければならないとはいえ、**この法定相続情報一覧図さえあれば、銀行や、法務局などの手続において大量の戸籍のやり取りをする必要がなくなることになりますから、ぜひ利用したい制度です。**

相続財産には損害賠償請求権が含まれるのか

損害賠償請求権と相続財産

もし、あなたが交通事故にあって怪我をしてしまった場合には、交通事故の加害者に対して慰謝料や治療費などの損害賠償を請求することができます。ではもし交通事故にあった被害者が死亡してしまった場合には損害賠償請求権はどうなるのでしょうか。

この点については、歴史上は様々な変遷がありました。例えば、被害者が死ぬ前に少しでも損害賠償請求権を行使する意思を示した場合（亡くなる前に「残念だ」とつぶやいた場合など）には、遺族が損害賠償請求権を相続することができると考えられていた時代もありました。しかし現代では、さすがにこのような考え方はおかしいと考えられるようになり、当然に相続財産に含まれるようになりました。

どんな損害を請求することができるのか

まず請求できる損害は基本的に3つです。

①積極損害、②消極損害、③精神的損害がこれにあたります。
①積極損害とは治療費や、通院交通費、葬儀費用など被害者が交通事故によって被った経済的負担です。
②消極損害とは、休業補償や逸失利益など、事故がなければ得ることができたはずの収入が得られなくなってしまったことによる損害のことです。
③精神的損害とは交通事故によって受けた精神的肉体的な苦痛に対して支払われる賠償金です。また、遺族は、近しい人が亡くなったことによって、それ自体精神的苦痛を受けますから、遺族の一人ひとりが単独での慰謝料請求権も有しています。
これらの損害をすべて合わせると、死亡事故であればその損害は1億円に達することもあります。ただし、保険会社はこの損害額をかなり低めに見積もってくるのが通例ですので、損害の計算は弁護士に相談した方がいいでしょう。

時効に注意

このように、不幸にも死亡事故が起こってしまった場合には、非常に高額な損害賠償を求めなければならなくなるのですが、損害賠償請求権には時効があることを忘れないでください。損害賠償請求権は原則として、**「損害及び加害者を知った時から3年」**の間に行使しなければ時効によって消滅してしまいます。

万が一事故で損害賠償請求権が消滅してしまうようなことになれば、被害者も浮かばれません。ですから万が一このような不幸な事故が起こってしまった場合には、早めに弁護士に相談することをお勧めします。

寄与分

頑張れば遺産の取り分が増える⁉

あなたは、あなたのお母さんがその晩年に介護が必要になったため、お母さんと同居してその療養介護に努めてきました。またお母さんがまだ元気だった頃、お母さんが経営していた会社の、専務として会社の発展に多大な貢献をしてきました。

このような場合に、あなたがお母さんのために介護したり、お母さんの会社の専務として働いたりして、お母さんの財産の増加に寄与したことに対して、あなたは何らかの報いを受けることができるのでしょうか。

「寄与分」というのは、このような被相続人の財産の維持または増加に特別の寄与をした相続人に対して本来の相続分に加えて一定の金額を遺産の中から取得できるようにする制度です。これも後で説明する特別受益と同じように相続人同士の公平を図ることを目的とした制度です。

寄与分が問題となるのはどのような場合か

寄与分が問題となるのは、まず親の会社や事業を手伝った場合、親の自宅の改修費用を出すなど財産を支出した場合、高齢の親の介護を続けた場合、高齢の親の生活費を長年出してきた場合などが代表的です。

そして寄与分は相続人にだけ認められる制度ですから、相続人ではない人が被相続人の財産の維持などに寄与した場合には認められません。

ただし、寄与分が考慮されるためには、その寄与が「特別の寄与」であることが必要です。実は、どこまでいけば「特別の寄与」ということができるのかについては家庭裁判所は非常に厳しく判断します。特に療養看護についてはほとんど認められないといっても過言ではありません。

寄与分が認められた場合の具体的計算方法

まず相続財産の寄与分を差し引いてみなし相続財産を決定します。そのみなし相続財産に各相続人の相続分を乗じて、算出された金額に寄与をした人については寄与分を足すことによって具体的相続分を算出します。

具体的相続分

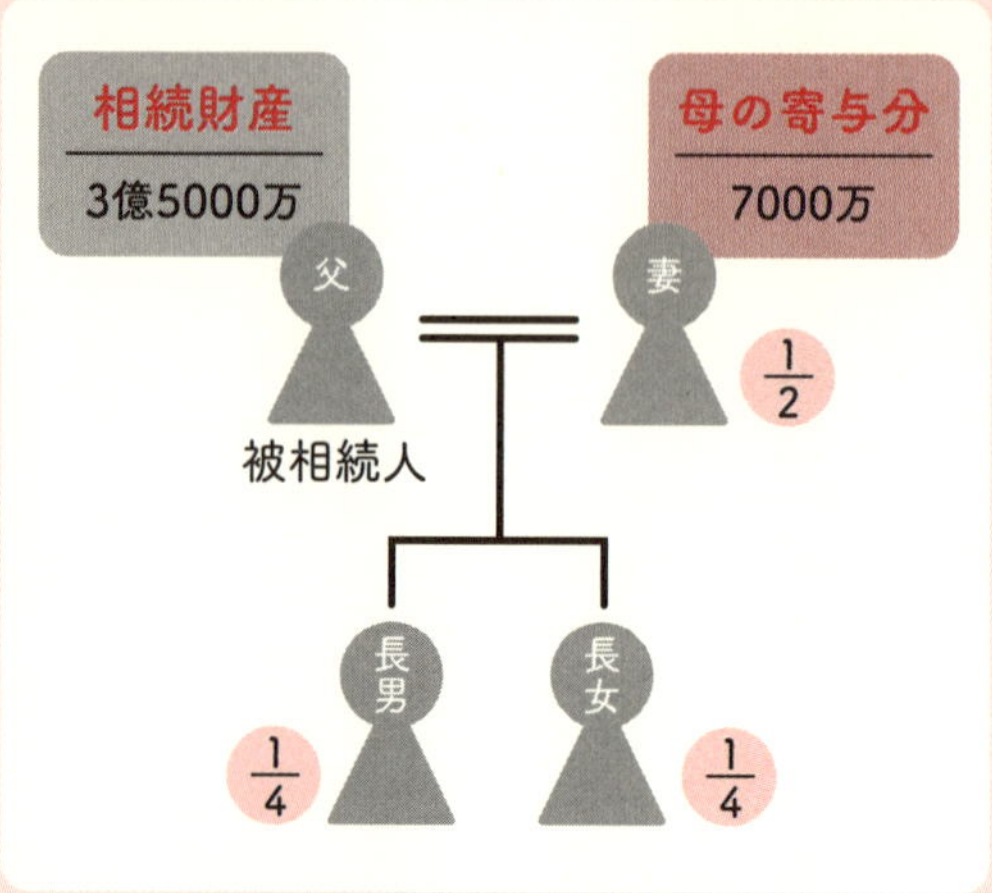

各人の具体的相続分

＝（相続財産 − 寄与分）× 各人の法定相続分 ＋ 各人の寄与分

（相続財産 − 寄与分 ＝ みなし相続財産）

(例)母の具体的相続分

＝（3億5000万 − 7000万）× $\frac{1}{2}$ ＋ 7000万 ＝2億1000万

(例)長男の具体的相続分

＝（3億5000万 − 7000万）× $\frac{1}{4}$ ＝7000万

相続人以外の者が特別の寄与した場合

寄与分は相続人にしか認められません。それでは被相続人の長男の妻が被相続人の事業を長年無償で手伝ったような場合、長男の妻は被相続人の相続人ではありませんから、一切遺産からの取り分を請求することはできないのでしょうか。

２０１８年の改正相続法はこういった場合に、長男の妻の特別の寄与を考慮して、相続人に対して一定の特別寄与料というものの支払いを請求することができるようにしました。ただし、この**特別寄与料の請求ができるのは、被相続人の親族**に限られています。

被相続人と何らの血縁関係もないものが被相続人の財産の維持増加に寄与した場合は、現行法の下では全く無理とは言いませんが、遺産から何らかの分け前を受けることは難しいでしょう。

特別の寄与の制度

〈長男の妻が特別寄与をした場合〉

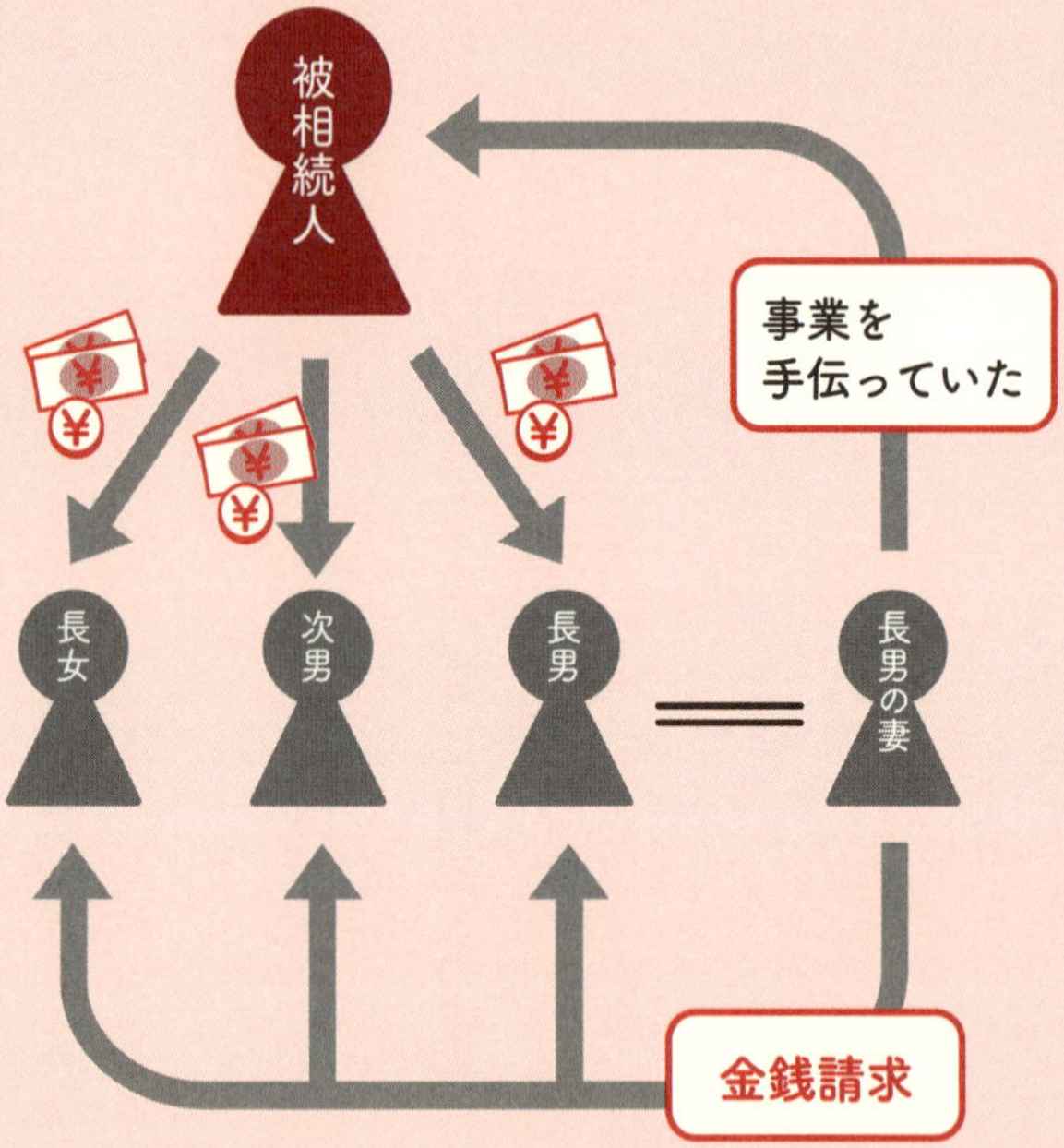

相続開始後、長男の妻は相続人(長男、長女、次男)に対して、金銭の請求をすることができる

特別受益

相続人間の不公平を正す制度

あなたの相続の場面を想像してください。あなたのお父さんが亡くなり相続人はあなたとあなたの弟の2人です。あなたの弟は、生前にお父さんからマンション購入資金として2000万円の贈与を受けています。一方であなたはお父さんからマンション購入資金やその他の資金をもらったことはありません。

お父さんは、亡くなったときに5000万円の現金を持っていました。あなたとあなたの弟の相続分はそれぞれ2分の1ずつですから、弟へのマンション購入資金の援助を全く考慮しないのであれば、お父さんの相続の際にそれぞれがもらえる遺産の金額は2500万円ずつです。しかしあなたとしては、これでは不公平だと思わないでしょうか。

このような場合に、弟がもらったマンション購入資金を遺産分割の際に考慮して、2人の**相続人の間の公平を図る制度が特別受益です。**

特別受益がある場合、それをどのように考慮するのか

特別受益の計算方法は、なかなか複雑です。簡単に説明するならば、次のようになります。

特別受益を受けた相続人がいる場合、被相続人の相続財産に、特別受益分を返還したと仮定してその合計額を相続財産とみなし（みなし相続財産）、みなし相続財産を基礎としてすべての相続人が受け取るべき相続分を計算し、特別受益を受けたものは、特別受益の金額を差し引いた残金を受け取る、ということになります。

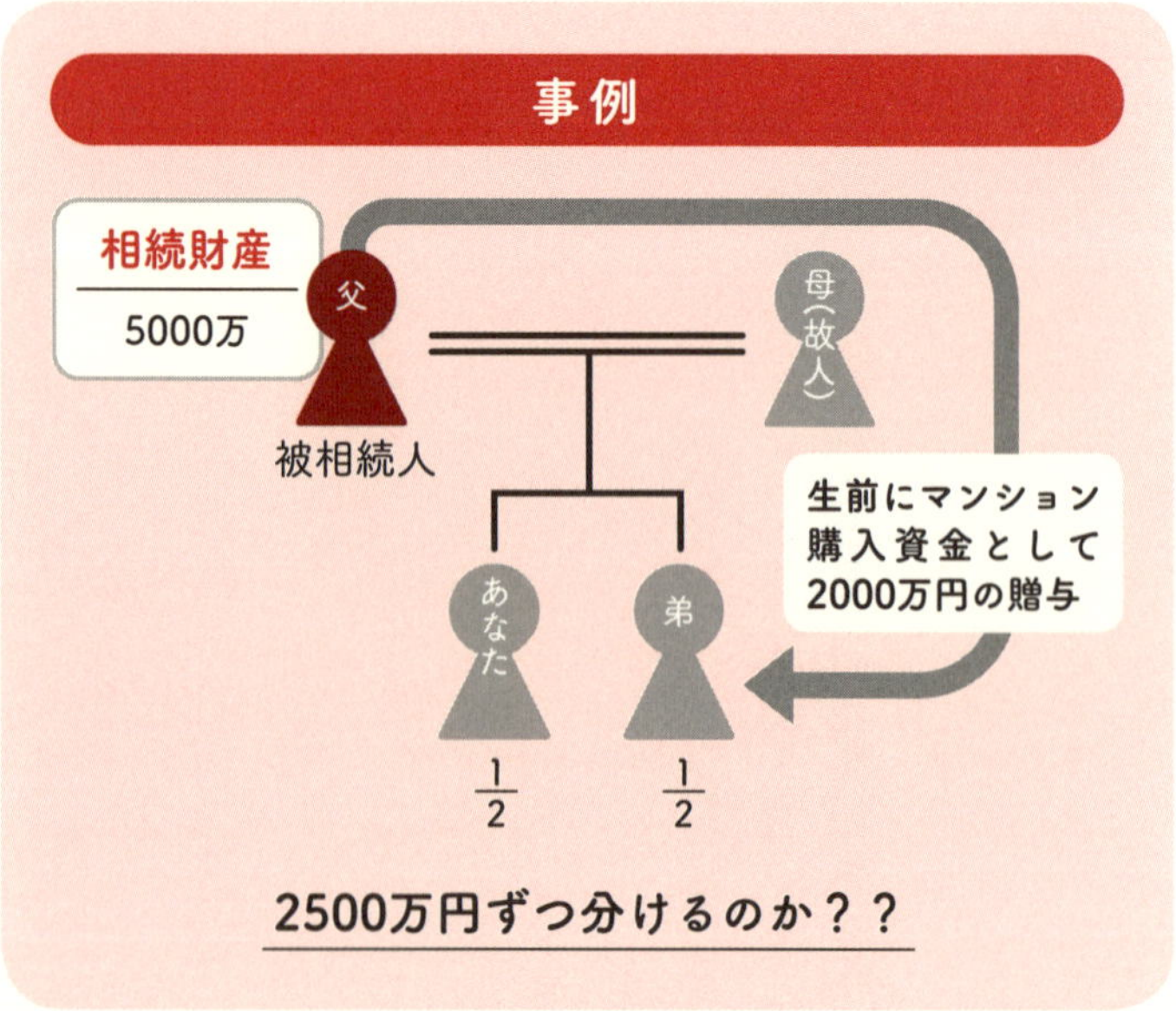

もう少し正確に説明すると212頁の図のようになります。

なおもし、右記の事例で、弟が受け取ったマンション購入資金が6000万円であったとします。その場合には計算すると弟の具体的相続分はマイナスになってしまいます。しかし**特別受益は、このマイナス分を弟に対して返還するように求めることまではできません。**このような場合には、遺留分を侵害しない限り、弟の具体的相続分はゼロということになります。その分他の相続人が割を食うことになるのですが、それはやむを得ないことと考えられています。

どのようなものが特別受益となるのか

条文上、特別受益の対象となるのは、次の3点です。

①遺贈

②婚姻もしくは養子縁組のための贈与

③生計の資本として受けた贈与

ただこれだけでは、どのような贈与が特別受益となるのか判断できません。

まず、②についてです。婚姻や養子縁組の際の持参金や支度金は特別受益に含まれます。

これに対して、**結納金や結婚式の費用を支出した場合については特別受益とならない**と考

特別受益の計算方法

（特別受益にあたる贈与 ＋ 相続開始時の財産（遺贈を含む））× 相続分（民法900条～902条）

└ みなし相続財産 ┘

（＝全相続財産）－ 特別受益 ＝ 具体的相続分

例 被相続人の子（あなた）と弟の2人が相続人として存在し、相続財産が5000万円ある場合で、弟が被相続人から2000万円の特別受益にあたる生前贈与を受けていた場合、あなたと弟の具体的相続分はいくらとなるか。

相続開始時の財産	弟の受けた贈与
5000万円	(特別受益)2000万円

└ みなし相続財産 ┘

弟の具体的相続分

$$(2000万円 + 5000万円) \times \frac{1}{2} - 2000万円 = 1500万円$$

あなたの具体的相続分

$$(2000万円 + 5000万円) \times \frac{1}{2} = 3500万円$$

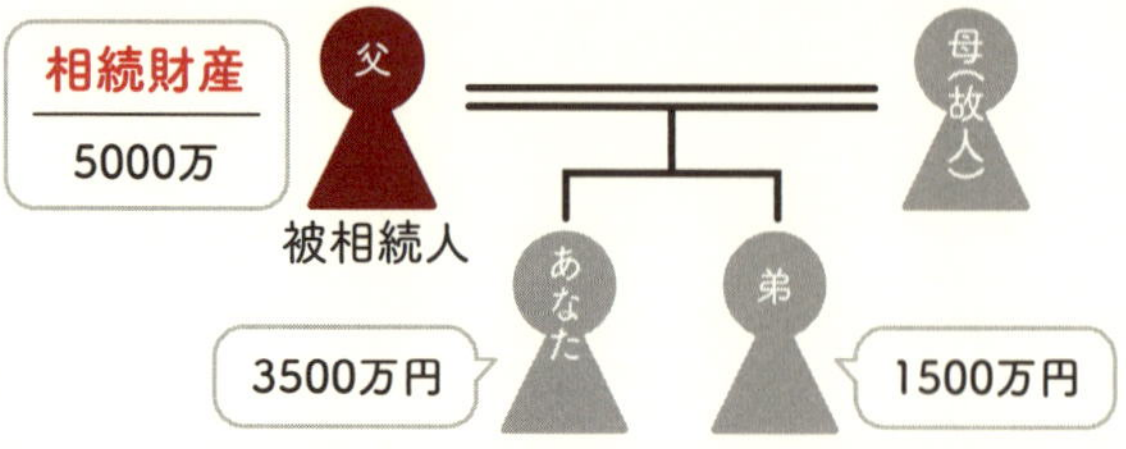

えられます。なぜならば結納金は、子どもに対する贈与というよりは、子どもの結婚相手の親に対する贈与ですし、結婚式の費用に関しては親が自分のために費やした費用と見ることができるからです。

次に、③についてですが、生計の資本として受けた贈与というと、親や配偶者からもらったお金はほとんどすべて特別受益になるようにも思えます。しかし、たとえ親や配偶者から多少のお金をもらったとしても、**それが社会通念上夫婦間や親族間の助け合いの範囲内のものであると見ることができる場合には特別受益には含まれません。**例えば親が子どものために出した大学の学費や入学金については、今の日本の社会情勢からすると、一定の資産状況や社会的地位を持つ家族であれば子どもに対する扶養の範囲内にあたるといえる場合もあり、この場合には特別受益ということはできません。

また、相続人のうちの1人が受取人とされていた生命保険金については特別受益にあたることはないのでしょうか。すでに説明しましたが、生命保険金については、遺産にはあたらず受取人とされている人が確定的に取得することになります。判例は**生命保険金が特別受益にあたるかどうかについて、原則として特別受益にあたらないと判断しています。**ただし、例えば、遺産が1000万円しかないのに、特定の相続人が5000万円とか1億円とか高額の生命保険金を得ている場合には、あまりにも相続人間の公平を害することになるので特別に特別受益に準じて持ち戻しの対象とすることにしています。このことは死亡退職金においてもほとんど同じことが言えるでしょう。

持ち戻し免除の意思表示

相続財産に特別受益分を返還することを「持ち戻し」と言います。

しかし、例えば先ほどの事例で、弟の身体に障害があって、自分1人の力では生きていくことが困難であったとします。あなたのお父さんがそのような弟の行く末を案じて右記のようなマンション購入資金を贈与した場合には、マンション購入資金を特別受益として持ち戻しさせることは、弟の今後の生活を不安定なものにしてしまうかもしれません。このような場合に、お父さんとしては、あらかじめ特別受益を、遺産分割の際に考慮しないようにしたいと思うかもしれません。そのようなことは可能なのでしょうか。

答えは、この持ち戻しは被相続人の遺言などによって免除することができます。被相続人の財産は基本的には被相続人が自由にすることができますから、持ち戻しを免除することも可能だとされています。

そのような場合には、弟の特別受益は持ち戻しを免除され、あなたと弟は、5000万円の遺産を2分の1ずつ分けることになります。ただし、この場合でも、この持ち戻し免除の意思表示自体が、あなたの遺留分を侵害する場合には、その持ち戻し免除の意思表示に対して遺留分侵害額請求をすることができます。

改正法による持ち戻し免除意思表示の推定

長年同居している夫婦の間では、自分が死んだ後に、配偶者が自宅で安心して生活できるように、自宅を贈与することがあります。本来であれば、このような居住用不動産を贈与してもらうことは、特別受益に該当するはずです。このような場合に、特別受益の原則どおりなら、被相続人が持ち戻し免除の意思表示を明確にしていなかった場合には、配偶者はこの自宅を持ち戻さなければならなくなります。

しかしこのように考えた場合には、配偶者は自宅以外に何も受け取れないことになりかねません。高齢となっている配偶者が、自宅以外に預貯金を受け取れないとなると、その後の生活が非常に不安です。一方で、自宅は、実質的には配偶者と被相続人の共有財産のようなものだとも見ることができます。

このようなことを考慮して、２０１８年の改正相続法では、**婚姻期間が20年以上の夫婦の間でなされた遺贈・贈与のうち居住用不動産については、仮に明確な持ち戻し免除の意思表示がなかったとしても、持ち戻し免除の意思表示があったと推定することにしたので**

す。これによって、残された配偶者の生活の安定が得られるようにしています。

第7章

相続税
損をしないために

まずは相続税の基本を知ろう

相続税は他人事ではない

相続税は、相続が発生すれば誰でも払わなければならないわけではありません。**基礎控除額と呼ばれる額を上回る遺産を持っている人だけが、相続税の支払いをしなければならないことになっています。**以前は、この基礎控除額が今より大きかったため、全体で約4%の人しか相続税を払っていませんでした。

しかし、2015年1月1日から、相続税の基礎控除額が引き下げられました。この影響により、相続税を支払わなければならない人は倍増しました。特に、都市部に住んでいて不動産を持っている人は、かなりの人が相続税を支払わなければならなくなりました。

相続税は、今やお金持ちだけが支払うのではなくなりました。今まさに相続問題に悩んでいる人も、これから相続をすることになる人も、今すぐに相続税と向き合わなくてはなりません。

なお最初に断っておきますが、相続税の適用を考える場面と、民法上の相続を考える場面では、同じ用語でも異なる意味で使うことがあります。

相続税申告・納付までの流れ

まず相続税の申告期限をしっかりと把握しましょう。**申告期限は相続開始があったことを知った日の翌日から10か月以内と決まっています。**例えば被相続人が2月1日に亡くなったと仮定すると、相続税の申告期限は同じ年の12月1日になります。相続が始まれば葬儀・四十九日・金融機関などの手続・遺産分割協議と息をつく間もなく様々なことをする必要があり、この10か月という申告期限は、思った以上に短く感じるはずです。しかし、申込金申告期限を守れなかった場合には加算税がされたり、本来使えたはずの相続税の特例が使えなくなったりする大きなデメリットがあります。そのため必ずこの期限を守るようにできるだけ早く準備をしていってください。

相続税は、税務署の人が計算してくれるわけではなく、相続人の側で計算して税務署に申告しなければなりません。それだけでも大変な作業なのですが、さらに提出先の税務署も決められています。その場所とは、相続人が住んでいる場所の税務署ではなく、**被相続人が死亡したときの住所地を管轄する税務署になります。**誤ってギリギリになって自分の住んでいる場所の近くの税務署に提出して、申告期限に間に合わなくなってしまったなど

相続税申告・納付までの流れ

被相続人の死亡（相続開始）

・死亡届を提出
死亡診断書を添付して市町村役場に提出

7日以内に

・葬式費用の領収書などの整理・保管

遺産分割協議

・相続人・相続財産の確認
・遺言書の有無確認
・相続放棄または限定承認 など

家庭裁判所に申し立て

ここまで3カ月以内に

・被相続人の所得税の申告・納付
死亡日までの所得を税務署に申告（準確定申告）など

ここまで4か月以内に

・相続財産や債務の調査、評価
・遺産分割協議書の作成
・相続税の申告書の作成 など

相続税の申告・納付 申告は被相続人が死亡したときの住所地の税務署に！

延納・物納の申請 延納・物納の申請を行う場合は早めに！

ここまで10か月以内に

ということがないように気をつけましょう。

相続税は現金一括払いが原則

しかもその後、納期限までに相続税を支払わなくてはならないのですが、その支払いは全額を現金で一括払いというのが原則です。

もし、遺産が土地などの換金しにくい財産ばかりである場合には、相続税の即時の支払いに困る場合もあります。そのような場合には「延納」と「物納」という制度があって、これを利用することで分割払いや現物での納付が可能になる場合もあります。ただし、この延納は、次の条件をすべて満たしていなくてはなりません。

①相続税額が10万円を超えること。
②金銭で納付することを困難とする事由があって、その納付が困難な金額の範囲内であること。
③延納税額及び利子税の額に相当する担保を提供すること。※ただし延納税額が１００万円以下かつ延納期間が３年以下である場合には不要。
④相続税の納期限または納付すべき日までに返納申請書に担保提供関係書類を添付して提出すること。

また延納によっても現金で納付するのは困難な事情がある場合には、不動産や国債などで収める物納という制度を利用することができます。ただし、この物納制度は、次のようになかなか要件が厳しくなっています。

①延納によっても金銭で納付することを困難とする事情があって、その納付が困難な金額の範囲内であること。

②不動産、船舶、国債、上場株式などを優先的に納めなければならず、かつ日本国内にあるものであること。

③土地の境界がはっきりしている、抵当権が付いていない、共有財産ではないなど、物の不適格財産にあたらないこと。

④相続税の納期限または納付すべき日までに、物の申請書に別の手続き関係書類を添付して提出すること。

この延納や物納は申請すれば必ず認められるものではなくそのまま却下されることもあります。ですから相続人としてはできる限り現金一括で納付できるように準備しておくことが大切です。

相続税を納めなくてはいけない人、納めなくていい人

基礎控除額とは何か

相続税は、遺産額（課税価格の合計額）と基礎控除額を比べて遺産額の方が多い場合のみ支払う必要があります。基礎控除額の方が多くなっている場合には相続税を支払う必要もありませんし、そもそもその申告をする必要もないのです。

では基礎控除額はどのように計算するのでしょうか。2015年1月1日以降から適用された相続税法によれば次の計算式によって基礎控除額を計算することになりました。

基礎控除額＝3000万円＋（600万円×法定相続人の数）

例えば、相続人が妻と子ども2人である場合にはその家族の基礎控除額は4800万円となります。

課税価格の合計額とは何か

相続税は遺産額と基礎控除額を比べて遺産額の方が多い場合のみ支払うと申し上げまし

たが、このうち遺産額とはいったい何を指すのでしょうか。

遺産額のことをもう少し正確に言うと、「課税価格の合計額」と言います。この課税価格の合計額を求めるには、各相続人の課税価格を求めてそれを合計することによって計算します。

課税価格の計算方法は次のページの通りです。相続したプラスの財産にみなし相続財産と相続開始前3年以内の贈与財産を加え、借入金や葬式費用とさらに非課税財産を差し引くことによって計算します。

以上のように計算した課税価格の合計額と基礎控除額を比べて課税価格の合計額の方が大きくなった場合には相続税を支払わなくてはなりません。

相続税を支払う人は誰か

では、課税価格の合計額が基礎控除額を超えてしまった場合、いったい誰が相続税を支払うことになるのでしょうか。

簡単に言うと相続税を支払う人は被相続人から遺産を受け

基礎控除額の計算式

3000万円＋(600万円×3)＝4800万円

（3000万＋60万×X）が計算式。ここでは相続者数が3のため、4800万になった

課税価格の合計額の計算式

① 本来の相続財産
（現金、預貯金、有価証券、土地など）

＋

② みなし相続財産

＋

③ 相続時精算課税制度の適用を受ける贈与財産

＋

④ 相続開始前３年以内に受けた贈与財産

－（マイナス）

⑤ 非課税財産・相続債務・葬式費用

↓

課税価格の合計額

相続税を納税する義務を負います。

場合や被相続人が「死因贈与」をしていたときにその遺贈や死因贈与を受け取った人は相

以外にも納税をする人が発生することがあります。それは遺言による「遺贈」がなされた

継いだ人です。そうすると相続人だけが納税するのかと思うかもしれません。しかしそれ

相続税の計算の具体的な方法は

例えば相続人が妻と長男次男三男の合計4人の場合を考えてみましょう。

①「課税遺産総額」の計算

まず前に説明した課税価格の合計額から基礎控除額を差し引いて相続税の課税対象となる財産である「課税遺産総額」を算出します。

この家では課税価格の合計額は9000万円であったとします。一方でこの相続人の構成で基礎控除額は3000万円＋600万円×4ですから5400万円となります。

これにより、課税価格の合計額から基礎控除額を引いたこの家族の課税遺産総額は3600万円になります。

②「相続税の総額」及び「各相続人への按分」の計算

先ほど計算した課税遺産総額に各相続人の法定相続分を掛けることによって、各相続人

の仮の持ち分を算出します。その仮の持ち分額に対応とする税率（「相続税の速算表」を参照）をかけて各法定相続人ごとの課税額を算出します。その課税額を合計したものが相続税の総額となります。

今回の場合は、妻の相続分は２分の１、長男次男三男の相続分はそれぞれ６分の１ずつです。この相続税の総額を各相続人の相続額に応じて按分したものが次頁の図です。

相続税の速算表

法定相続分に応ずる取得金額	税率	控除額
1,000万円以下	10%	―
3,000万円以下	15%	50万円
5,000万円以下	20%	200万円
1億円以下	30%	700万円
2億円以下	40%	1,700万円
3億円以下	45%	2,700万円
6億円以下	50%	4,200万円
6億円超	55%	7,200万円

国税庁HPより

相続税の総額の計算

仮の持分額　（課税遺産総額は3600万円）

妻　3600万円×$\frac{1}{2}$ ＝1800万円

長男　次男　三男　3600万円×$\frac{1}{6}$ ＝600万円ずつ

そしてこの仮の持分額に、前ページの速算表の税率を当てはめると相続税額は次のようになります

妻　1800万円×15％－50万円＝220万円

長男　次男　三男　600万円×10％＝60万円ずつ

4人の合計額　妻　長男　次男　三男

220万円＋60万円×3＝400万円

以上の計算によってこの家族の相続において発生する相続税の総額は400万円ということがわかります。

③実際の遺産分割の割合に従って各相続人に按分する

先ほど計算した相続税の総額を、誰がどのぐらい実際に遺産を相続したかによってその割合で按分します。

例えば、この家族は次のように遺産を相続することに決めたとします。

妻5000万円、長男2000万円、次男と三男が1000万円。

①で見た通り、この家族の課税価格の合計は9000万円です。

按分割合は次の通りとなります。

妻5000万円÷9000万円≒0・56

長男2000万円÷9000万円≒0・22

次男と三男1000万円÷9000万円≒0・11

そうすると各人の相続税額は次の通り求められます（ただし兄弟相続人など、一定の場合に相続税額の2割加算が行われることがあります）。総相続税に按分割合をかけます。

妻400万円×0・56＝224万円

長男400万円×0・22＝88万円

次男と三男400万円×0・11＝44万円

となります。

実際の遺産分割の割合に従って各相続人に按分する

実際の遺産分割が次の通りだったと仮定すると……。

妻	長男	次男	三男
5000万円	2000万円	1000万円	1000万円

課税価格の合計額に対する按分割合を算出する。

妻　5000万円÷ 9000万円=≒0.56

長男　2000万円÷ 9000万円=≒0.22

次男　1000万円÷ 9000万円=≒0.11

三男　1000万円÷ 9000万円=≒0.11

相続税の総額に、按分割合を乗じて相続税額を算出する。
（ただし一定の場合に相続税額の2割加算が行われることがある）

妻　400万円× 0.56= 224万円

長男　400万円× 0.22 = 88万円

次男　400万円× 0.11 = 44万円

三男　400万円× 0.11 = 44万円

税額控除は相続税から差し引ける

　ここまで計算をして各人の相続税額がやっと計算できました。しかし実はこれで終わりではありません。この後さらに各人ごとに該当する税額控除を差し引くなどして、実際に支払う相続税額を決定していきます。税額控除には次のようなものがあります。①配偶者控除、②未成年者控除、③障害者控除などです。

　特に大きいのは、①配偶者控除です。これは被相続人の配偶者であれば相続によって実際に取得した財産額が、1億6000万円かまたは配偶者の法定相続分の相当額のいずれか多い金額までは相続税が課されないという制度です。本件の家族でも当然この制度を適用することができます。今回は妻が実際に取得した財産額は5000万円ですから、1億6000万円より少ない金額ということになり、相続税は課税されません。

相続税対策の基本的な考え方

相続税対策は一刻も早く始めなくてはならない

もしかしたらあなたは節税とか税金対策とか聞くと何か悪いことをしているかのように思うかもしれません。しかし決してそのようなことはありません。法律で許された範囲内で、資産を移転したり、不動産を購入することによって、節税ができたとしても、それは何ら悪いことではありません。場合によっては国の方から高齢者から若年者への資産の移転を促すためなどの目的で、節税効果の高い制度を創設することもあるのです。

そして相続税の節税対策は、早く始めるほど大きな効果を生むことができるのです。

相続税対策の種類

相続税対策は、基本的に3つの考え方で行います。それは、①相続財産を減らすこと、②負債を増やすこと、③基礎控除を増やしたり税額控除を利用することです。それぞれどのようにして節税をしていくのかということをこれから説明します。

①相続財産を減らす

1　不動産を購入する

不動産を購入することでどうして節税効果が発生するのでしょうか。これは相続税の計算においては建物の価値は購入価格ではなく固定資産税評価額というもので行うことになっていて、その**固定資産税評価額は建物の購入価格よりもずっと安くなっているからです。**例えば1億円で購入したタワーマンションの購入後の固定資産税評価額が3000万円程度になることもあるようです。特に富裕層の場合は相続税の税率が特に高くなっていますから、上記の例で7000万円の資産を減らすことができるのであればその節税効果も大きいでしょう。

ただし、相続開始の直前に取得したタワーマンションの評価額を固定資産税評価額ではなく購入価格によって評価しなければならないとされた例があります。この事例は相続開始の直前にマンションを購入し、相続が開始した後すぐにこれを売却したこともあり、固定資産税評価額での計算が許されなかったようです。したがってこのような節税対策を行う場合は、専門家に相談の上行うべきでしょう。

2　生前贈与を活用する

生前に、被相続人から相続人に対して資産を贈与してしまえば、被相続人が死亡するときにはその遺産の額が減ることになります。ただし、気をつけなければならないことが2つあります。1つ目は**贈与には年間110万円の基礎控除があります**が、贈与をもらう人個人を基準として年間110万円を超えた場合には贈与を受けた人自身が贈与税を支払わなければならなくなってしまうということです。2つ目は、相続開始前3年以内になされた贈与は相続税の課税対象になるということです。

この方法は、年間たった110万円と思われるかもしれませんが、相続人が例えば3人いた場合に、そのそれぞれに110万円ずつ贈与すれば、1年間で330万円、これを10年間続ければ3300万円もの遺産を減らすことができます。右に述べたように、相続開始前3年以内にされた贈与は相続税の課税対象になってしまいますから、なるべく早く始めておくことが大切です。ただし、相続開始前3年以内にされた贈与が相続税の課税対象になるというのは、相続人に対してなされた場合に限られますから、**相続人ではない人、例えば孫に対してなされた贈与であれば、相続開始前3年以内になされた贈与であっても相続税の課税対象になることはありません。**

なお、あらかじめ10年間で1100万円を贈与するなどと決めて、毎年同じ日に110

万円ずつ贈与したというような場合には、最初から1100万円もらえる権利をもらったというふうに判断され、暦年課税が受けられない可能性があります。ですから、長期間にわたって、毎年贈与を行おうというような場合には、専門家のアドバイスを受けた方が無難です。

3　配偶者控除

この制度は次の条件をすべて満たすものに対して、**1年110万円の基礎控除のほかにさらに最高2000万円の配偶者控除を差し引くことができるという制度**です。つまりこの控除を受ける年は、基礎控除と合計して2110万円まで無税ということになりました。

A　婚姻期間が20年以上の配偶者であること
B　贈与された財産が居住用不動産または居住用不動産を購入するための金銭であること
C　贈与を受けた年の翌年3月15日現在、実際に居住しその後も引き続いて居住する見込みであること
D　過去に同じ配偶者からの贈与について配偶者控除を受けたことがないこと
E　必ず申告をすること

なおこの際に居住用不動産そのものを贈与するのと居住用不動産を購入するためのお金

を贈与するのとどちらが税金上有利かと言えば、居住用不動産そのものの贈与の方が有利になります。なぜならば、不動産はその固定資産税評価額（実勢価格よりも安い）で相続税の計算を行うからです。

②消極財産を増やす

借金をして相続債務を増やすことによって、プラスの相続財産から差し引ける債務の金額を増やし、相続税の課税対象額を小さくするということもできます。なお、ただ借金をしただけでは手元に現金が残ってしまい、プラスマイナスゼロとなってしまいます。

そこで、借金をして評価額を下げることのできる不動産を購入する手法と組み合わせることによって、大きな効果を発揮することになります。

③基礎控除を増やしたり、税額控除を利用する

1　法定相続人を増やす

相続税の基礎控除の金額は、相続人の数が多ければ多いほどその金額が上がるような制度になっています。そのため孫などを養子として相続人を増やして基礎控除の金額を大きくすることもあり得る相続対策です。ただしこの場合には、**基礎控除額の計算に用いるこ**

とのできる養子の数は1人だけと決まっています。もしあなたが2人も3人もたくさんの養子をとったとしても、相続税の基礎控除額の計算上は、1人しかカウントできません。

④税額控除などの特例を活用する

1　相続時精算課税制度

相続時精算課税制度は、2003年の税制改正で作られた、生前贈与によって高齢者から若年者への資産の移転を円滑にすることを目的とした制度です。簡単に制度の中身を説明すると、贈与したときには軽減された贈与税（2500万円までは非課税、それ以上の贈与には一律20％）を納め、そしてその贈与者が死亡したときに、贈与財産の価額と相続財産の価額の合計額を基に計算した相続税額から、すでに納めた贈与税相当額を控除するものです。

相続時精算課税を選択するための条件としては①贈与者がその年の1月1日において60歳以上の親であること②受贈者がその年の1月1日において20歳以上でありかつ贈与者の推定相続人である子どもあるいは20歳以上の孫であること、という条件があります。そして一度相続時精算課税を選択する場合には二度と暦年課税（1年110万円の基礎控除のこと）に戻ることはできません。なお、この相続時精算課税制度は、父と母からそれぞれ適用を受けることができますから、最大５０００万円まで非課税で贈与財産を受け取ることが可能です。また、父からは相続時精算課税制度、一方母からは暦年課税を選択することも可能であり、この場合には両方の制度のよいところを使うことが可能です。

２　教育資金の一括贈与

両親や祖父母などの直系尊属にあたる人が、２０１３年4月1日から２０１９年３月31日までの間に30歳未満の子や孫の将来の教育資金のために銀行などを利用して信託をしたものであれば、**一定の手続きを行うことで最高１５００万円まで非課税**となります。

３　小規模宅地などの特例

この制度は簡単に言うと**「非相続人が自宅として使用していた土地については80％減の金額で相続していい」という特例です。**この特例を使うための条件は、まず土地の面積は３３０平方メートル以下であることが要求されます。次に、贈与を受ける人が配偶者であるかまたは被相続人の同居親族であるか、または被相続人と別居していて、かつ、３年以上自分の持家に住んでいない親族、でなければなりません。

相続税対策のまとめ

1 相続財産を減らす

①不動産購入
②生前贈与の活用

2 消極財産を増やす

借金をする（ただし、相続財産を減らす方法とセットで行う）

3 基礎控除を増やしたり、税額控除を利用する

①養子をとって法定相続人を増やす
②相続時精算課税制度を利用する
③教育資金の一括贈与を利用する
④小規模住宅地などの特例

佐々木一夫（ささき・かずお）
1984年、山口県宇部市生まれ。明治大学法学部卒業、明治大学法科大学院終了後、司法試験合格。弁護士登録後に相続を多く取り扱う法律事務所にて執務した後、2018年に弁護士法人アクロピースを設立。コンスタントに月に10件以上の相続相談の実績があり、多くの紛争解決事例を持つ。弁護士としての信条は、「誰が何と言おうとあなたの味方」である。

企画協力　大江剛　白岩由次
編集　小林大作　池田双葉

最新版
大切な人が亡くなったあとの
手続きと相続対策のすべて

2019年3月27日　第1刷発行

著　者　佐々木一夫
発行人　蓮見清一
発行所　株式会社宝島社
〒102-8388
東京都千代田区一番町25番地
電話　営業：03-3234-4621
編集：03-3239-0927
https://tkj.jp
印刷・製本　サンケイ総合印刷株式会社

ISBN 978-4-8002-9332-9